写给孩子的手绘

山海经

异人篇

张芳 主编

东北师范大学出版社
NORTHEAST NORMAL UNIVERSITY PRESS

前言

　　《山海经》是中国上古文化的珍品，被誉为"天下第一奇书"。它记载了近5000种鸟兽虫鱼、神仙精怪、奇花异草、金石矿物、山川河海、宇宙星辰以及异国奇闻，开创了中国古代图文叙事的先河。

　　由于《山海经》是一部古籍，孩子们理解起来并不容易，所以我们在原文的基础上，编写了这套《写给孩子的手绘山海经》。本套书包括鱼鸟、异人、神兽、神话四部分，选取《山海经》中的相关段落，对鱼鸟的特异功能和异人、异兽的外貌，以及涉及的神话故事等进行了详细描述。

为了能让孩子们更直观地感受和理解《山海经》的内容，我们查阅大量古籍，对书中涉及的神人异兽进行演绎，编写了生动有趣的故事，还对书中的神人异兽配以精美的插图，增强了全书的趣味性和可读性。

　　是不是有点儿迫不及待地想要去了解书中的神秘事物呢？请缓缓打开书本，去邂逅那些"人面的兽、九头的蛇、三脚的鸟、生着翅膀的人、没有头而以两乳当作眼睛的怪物"吧。

海内南经
氐人国 …………………………………… 2

海内西经
夷人国 …………………………………… 6

海内北经
貊国 ……………………………………… 10
鬼国 ……………………………………… 14
犬封国 …………………………………… 18
环狗国 …………………………………… 22
离戎国 …………………………………… 24
林氏国 …………………………………… 28

海内东经
姑射国 …………………………………… 30
华胥之国 ………………………………… 32

大荒东经
壎民国 …………………………………… 35
女和月母国 ……………………………… 38

大荒南经
季禺国 …………………………………… 42
蜮民国 …………………………………… 45
菌人国 …………………………………… 47
伯服国 …………………………………… 50

大荒西经

淑士国 …………………………………… 54
西周国 …………………………………… 57
北狄国 …………………………………… 60
寒荒国 …………………………………… 62
沃野国 …………………………………… 66

大荒北经

始州国 …………………………………… 68
儋耳国 …………………………………… 70

海外南经

羽民国 …………………………………… 73
讙头国 …………………………………… 77
贯匈国 …………………………………… 80
不死国 …………………………………… 83
周饶国 …………………………………… 86
长臂国 …………………………………… 88

海外西经

奇肱国 …………………………………… 91
女子国 …………………………………… 94
白民国 …………………………………… 98
长股国 …………………………………… 102

海外北经

无启国 ············· 104
一目国 ············· 107
柔利国 ············· 110
夸父国 ············· 113

海外东经

大人国 ············· 117
青丘国 ············· 119
雨师妾国 ············ 123
毛民国 ············· 126

海内经

朝鲜 ·············· 128
天毒国 ············· 132
壑市国 ············· 136
氾叶国 ············· 138
盐长之国 ············ 140
巴国 ·············· 142
钉灵国 ············· 146
幽冥国 ············· 150

北山经

西北 北 东北
西 东
西南 南 东南

西山经 中山经 东山经

大荒
幽都

海内
南山经
海外

海内南经

氐人国

氐(dī)①人国在建木②西,其为人人面而鱼身,无足。

译文

氐人国在建木所在地的西面,那里的人都长着人的面孔,鱼的身子,没有脚。

注释

①氐:古族名。周秦时分布在今甘肃、陕西、四川三省相邻地带。从事畜牧业和农业。部落支系繁多,有青氐、白氐、蚺氐、巴氐、白马氐和阴平氐等。常与羌并称混用。自称"盍稚","氐"为他族对其之称。

②建木:上古先民崇拜的一种圣树。传说建木是沟通天地人神的桥梁。伏羲、黄帝等众帝都是通过这一神圣的梯子往来于人间和天庭的。在四川广汉三星堆遗址中出土的青铜神树上,有枝叶、花卉、果实、飞禽、走兽、悬龙、神铃等,专家认为,这种神树的原型有可能就是建木。

羞愧的河伯

　　传说氐人国的人是炎帝的后裔，这个国家的人都长着人的面孔和鱼的身子，看上去胸以上是人，胸以下则是鱼，只有鳍而没有脚。因为是炎帝的后裔，所以他们也有神力，可以在天地之间任意往返。

　　传说河伯冰夷就是氐人国的人，他也长着人的面孔和鱼的身子，被封为黄河的河神。可是他生性残暴，使得黄河两岸的百姓苦不堪言。

　　河伯冰夷还十分贪婪。有一次，孔子的弟子澹台子羽乘船渡过黄河，他身上带了一块价值连城的玉璧。冰夷知道后，便对那块玉璧动起了贪念。于是，冰夷派出波涛之神阴侯和两条蛟龙，想夺走玉璧。

　　澹台子羽说："你想要玉璧，可以求我。如果想要用武力夺取，我决不答应！"不一会儿工夫，两条蛟龙就被杀死了。阴侯也吓得躲进了水中，再也不敢冒头了。

　　澹台子羽渡过黄河后，就摘下玉璧扔进河里，轻蔑地说："贪婪无耻的河伯，把玉璧拿去吧。"也许是澹台子羽的话让河伯感到羞愧了吧，波浪居然把玉璧送上了岸。

　　澹台子羽又一次将玉璧扔进河里，河水还是将玉璧送了上来。澹台子羽扔了三次玉璧，见河伯坚持不要，就将玉璧摔得粉碎，随即扬长而去。

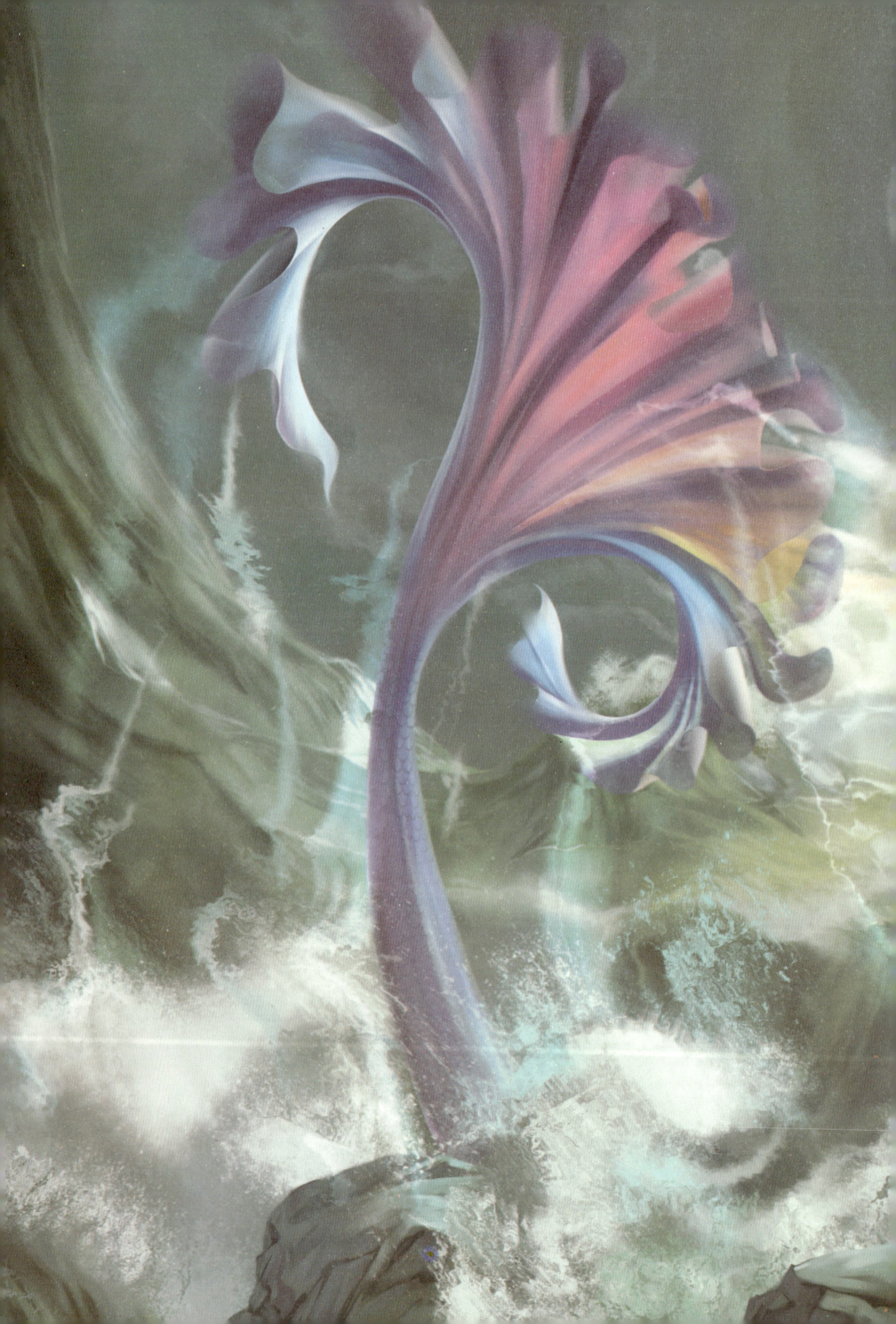

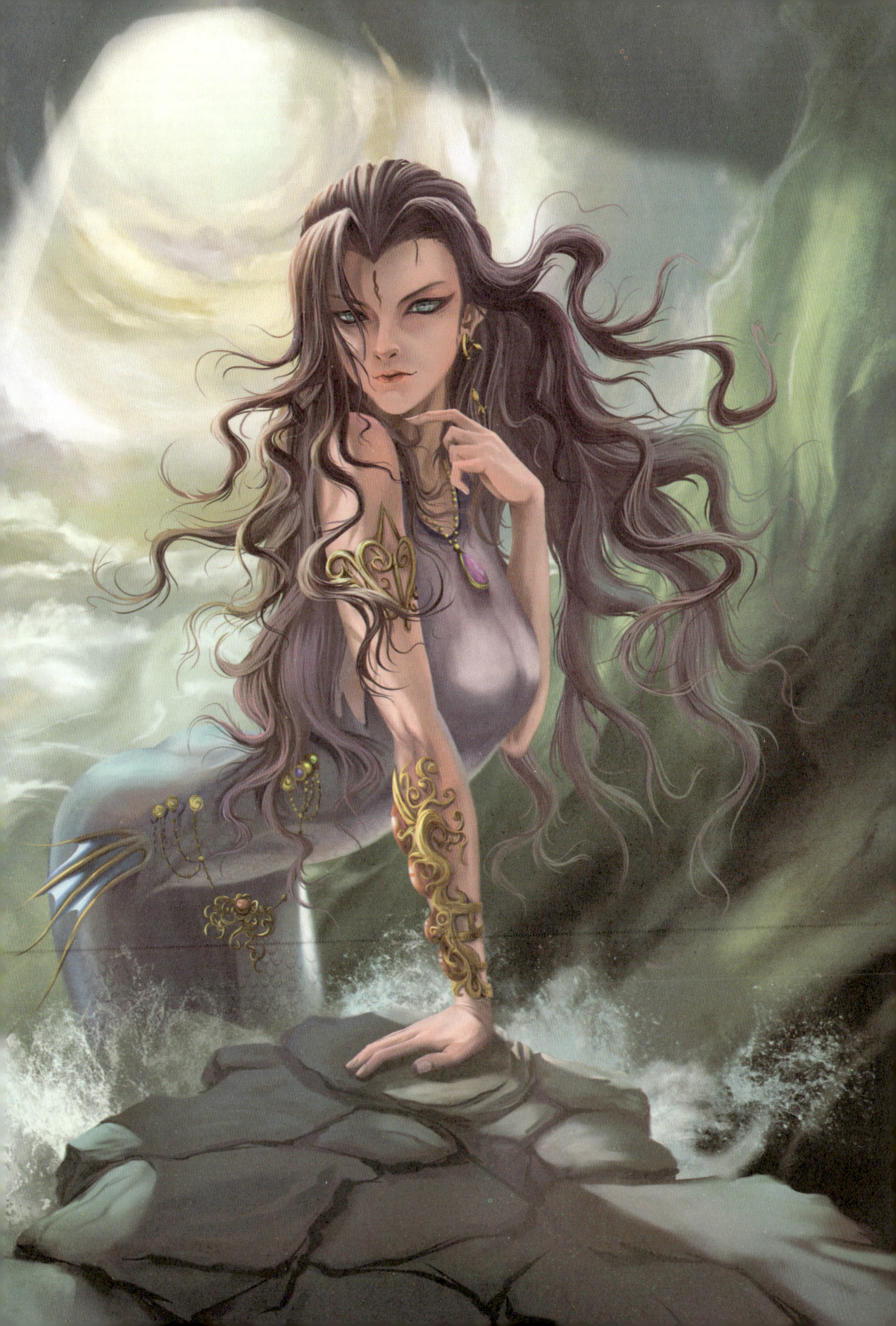

海内西经

夷人国

东胡①在大泽②东。夷（yí）③人在东胡东。

译文：东胡国在大泽的东面。夷人国在东胡国的东面。

注释

①东胡：中国东北的古老游牧民族。自商代初年到西汉，东胡存在大约一千三百年。东北汉族、东胡、濊貊（huì mò）、肃慎被称为古代东北四大民族。

②大泽：大湖沼，大薮泽。

③夷：古代东方部族善于使用弓箭，也以"夷"代指东方部族。

导人篇

东夷夺夏

传说昏君夏启死后，由他的大儿子太康继承王位。

太康喜欢喝酒打猎，生活比夏启更荒淫无度。他登上王位后，根本不理朝政，成天带着亲信到洛水北岸去打猎。

太康的行为让国家陷入动荡，引起了百姓们的不满。

东夷族有一位首领叫羿，他乘机起兵，夺取了夏朝的首都安邑，还将太康的弟弟仲康立为傀儡王，自己来掌握国家大权。在羿的管理下，天下也太平了一段时间。

然而，羿身边有一个阴险狡诈的人——寒浞。

有一天，羿打猎回来，寒浞联合羿的家奴用酒将他灌醉，乘机杀死了他。寒浞霸占了羿的妻子和家产，掌握了国家大权。

傀儡王仲康因心情抑郁，很快就死了。仲康的儿子后相继承了王位。后相是个有野心的人，他不甘心继续做傀儡，就偷偷逃走，去找同姓的部落首领。

寒浞害怕后相的势力壮大，就派大儿子过浇带兵进攻，杀死了后相。而后相的妻子后缗则偷偷从墙洞里爬了出去，投靠自己的娘家有仍氏。后缗这时已经怀孕了，不久后她生下了儿子，取名为少康。

少康从小就很聪明，后缗耐心地教导他，并叮嘱他长大以后一定要为父亲报仇，把国家重新夺回来。

少康长大后为人可靠，文武双全，娶了虞思的女儿，虞思还将一块叫"纶"的地方和五百名士兵交给他管理。

异人篇

这样一来，少康就拥有了一批武装力量和根据地。

少康关心百姓的疾苦，很得民心。他还将夏朝的旧官吏召集到身边，准备好一切后，便从纶地起兵，一直杀向夏朝的旧都城安邑。

最终，天下又重新回到了夏禹子孙的手里。这件事在历史上被称为"少康复国"或"少康中兴"。

海内北经

貊国

貊（mò）①国在汉水②东北。地近于燕③，灭之。

译文

貊国在汉水的东北面。它靠近燕国的边界，后来被燕国灭掉了。

注释

①貊：古代汉族对东北方少数民族的一种称呼，先秦时期北方民族。貊字古多作"貉"，往往与"胡"连称"胡貊"，泛指貊和北方民族。西周时，貊为北国之一。

②汉水：又称汉江、汉江河，为长江的支流，现代水文认为其有三源：中源漾水、北源沮水、南源玉带河，均在秦岭南麓陕西宁强县境内。流经沔县（现勉县）称沔水，东流至汉中始称汉水；自安康至丹江口段古称沧浪水，襄阳以下别名襄江、襄水。

③燕：燕国（青铜器铭文作"匽国"），周朝时周王族诸侯国之一，始祖是周文王庶长子召公，"战国七雄"之一。

侠客一样的貊人

貊国位于燕国的东北方。这里常年被大雪覆盖，气候严寒。住在这里的貊国人彪悍无比，以捕猎野兽为生。

在厚厚的雪地里，貊国人如履平地。他们穿戴着兽皮做的帽子和大衣，身背木头制作的弓箭，趴在雪地上耐心地等待猎物。

在这样严寒的天气里，兔子是难得的猎物。只见一只白色的兔子先是警惕地观察着四周，过了好一会儿才一边刨着地上的雪，一边寻找被埋在雪下的草根。

看着兔子慢慢靠近了，貊国人仍然不慌不忙。直到兔子彻底放松了警惕，貊国人这才搭弓射箭，一箭将兔子射中！

貊国人提起兔子，收起弓箭，心满意足地回到了自己的山洞里。他们的住处布置得很简单，地上铺着保暖的动物皮毛和毯子，木碗里存放着清水和肉干。貊国人和其他群居民族不一样，喜欢独来独往，自己居住。只有在成家后，他们才会和伴侣、子女住在一块儿。

这样有个性的貊国人，就像小说里的侠客一样孤寂，可惜后来貊国被燕国所灭。在汉朝时，貊国故地上又建立起了一个新的国家，名叫扶余，其后人是慕容氏。

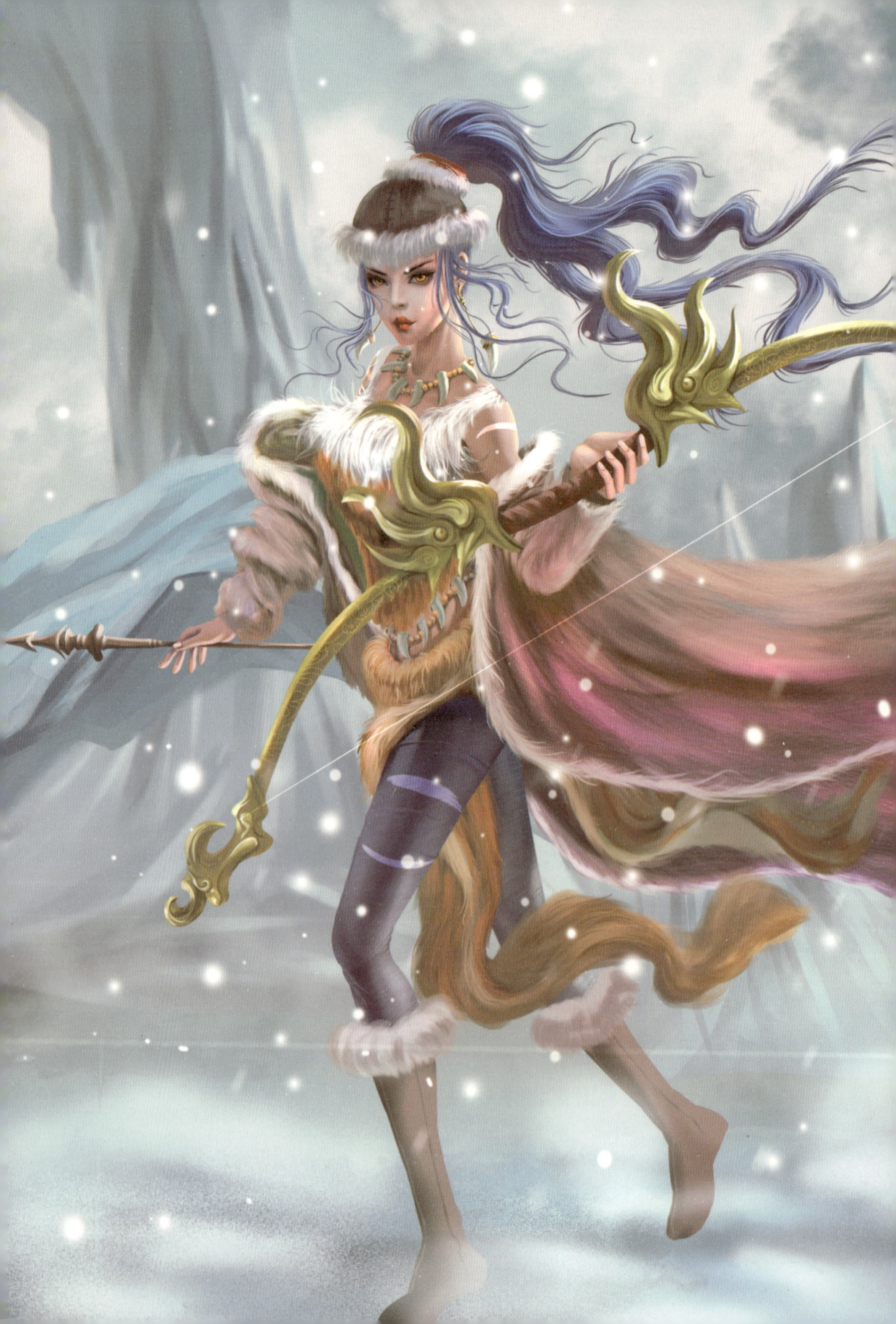

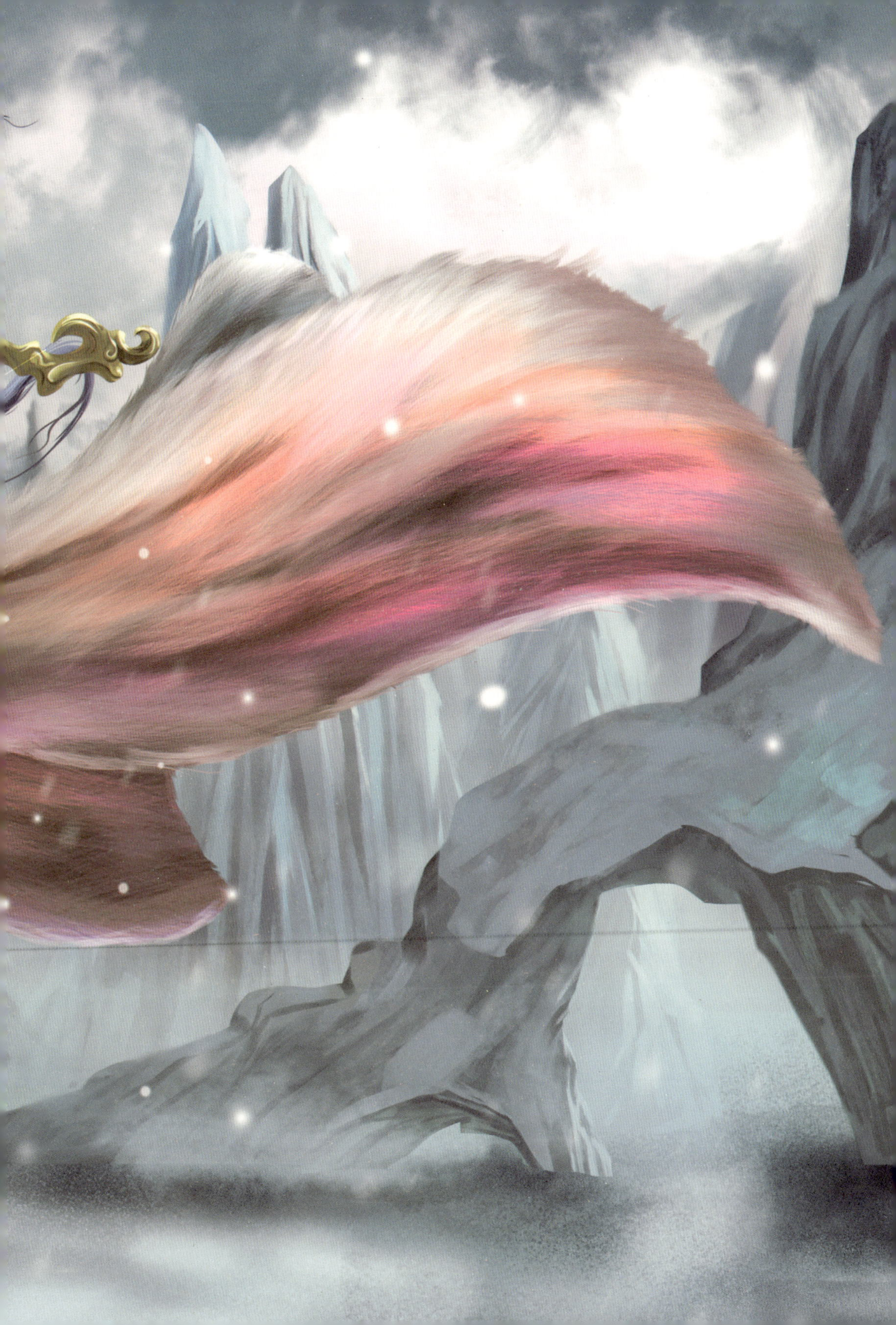

海内北经

鬼国

鬼国在贰(èr)负①之尸②北，为物人面而一目。一曰贰负神在其东，为物人面蛇身。

译文

鬼国在贰负神尸体的北边，鬼国人长着人的面孔却只有一只眼睛。另一种说法认为贰负神在鬼国的东面，他长着人的面孔，蛇的身子。

注释

①贰负：古代神话传说中的神，人面蛇身，是人蛇合体的图腾，古代跑得最快的神，喜杀戮，后来成为武官的象征。

②尸：尸体，这里指神尸。是指天神陨落后留下的尸体。

被以讹传讹的鬼国人

传说中鬼国人长着一只眼睛，这只眼睛长在脸的正中间，鼻子宽阔，看起来十分可怕。而且鬼国人喜欢在夜间出来活动，听起来是不是更添了一点儿恐怖气息？

其实鬼国是位于北方地区的少数民族部落，这个部落的人打仗时都戴着只有一只眼睛的面具，骁勇善战。传说鬼国人是戎狄等少数民族的祖先。

传说中的贰负神住在鬼国旁边。贰负是长着人面蛇身的神。他喜欢杀戮，神通广大，勇猛无敌。后来贰负成了武官的象征。贰负虽然勇猛善战，可头脑却比较简单。

据说他受到手下"危"的挑唆，谋杀了同样是人面蛇身的窫窳（yà yǔ）。黄帝知道后十分震怒，处死了危，惩罚了贰负。然后命手下将窫窳抬到昆仑山，让巫师用不死药救活了他。谁知窫窳活过来后竟神志错乱，掉进昆仑山下的弱水里。他一落水就变成了一种浑身发红的怪物，身形像牛却长着马足，还有一张人脸。他的叫声像婴儿啼哭。在十日并出的时候，这个怪物跳出水面危害百姓，被后羿用神箭射死了。

然而犯下大错的贰负，为什么会在鬼国旁边呢？

黄帝派贰负住在鬼国旁边，是为了歼灭鬼国，还是镇守鬼国呢？从相关记载来看，后一种可能性更大。

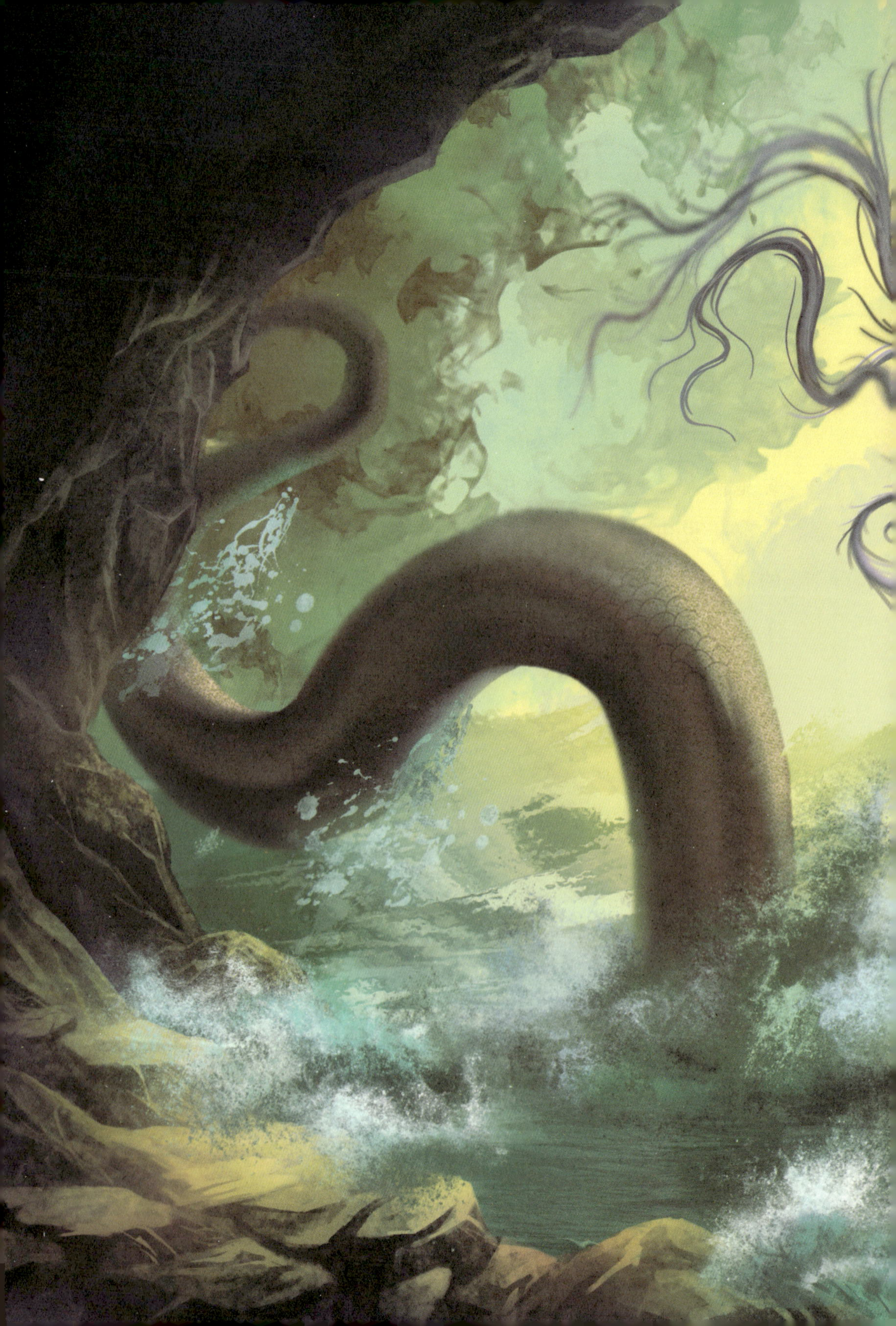

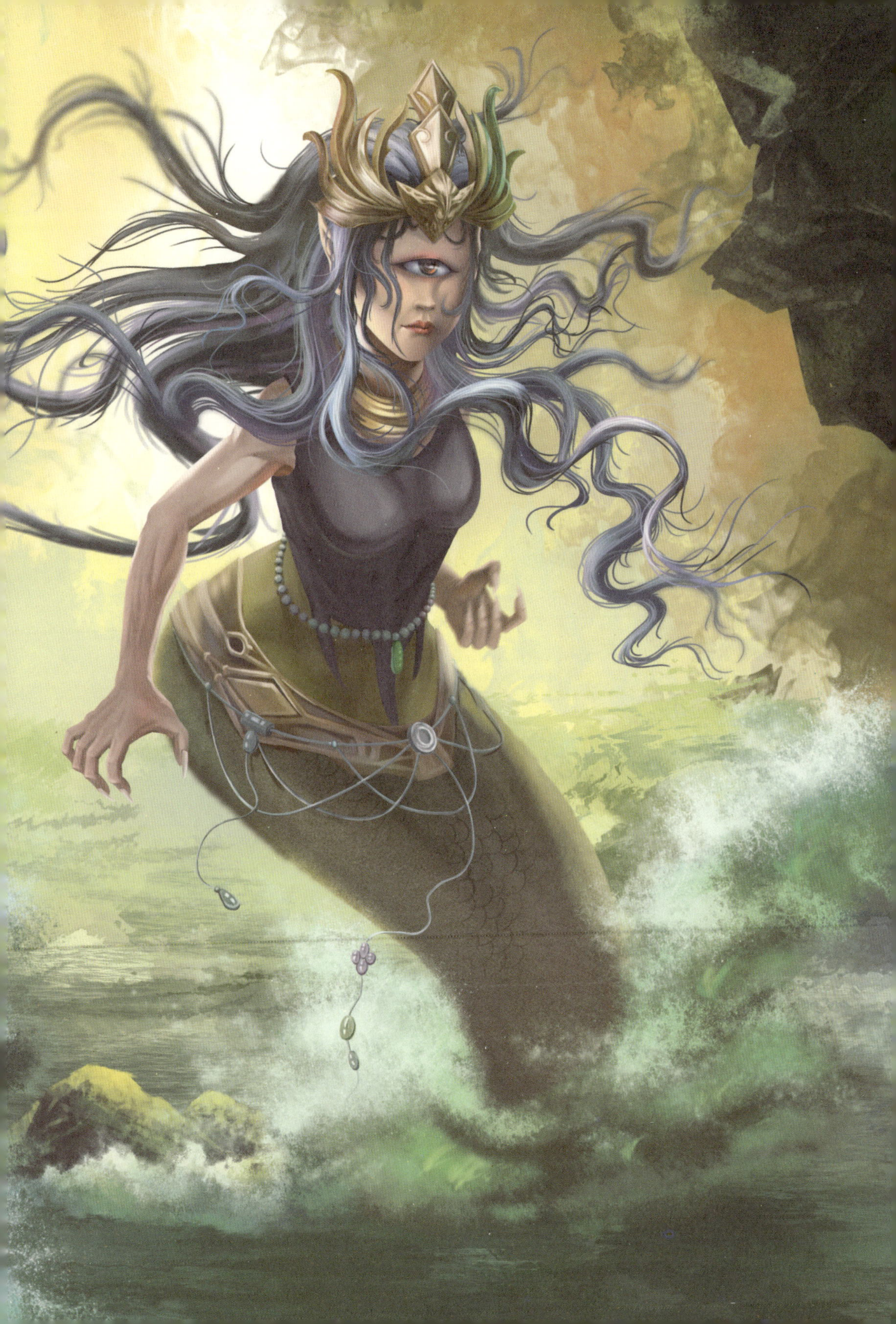

海内北经

犬封国

犬封国①曰犬戎国，状如犬。有一女子，方②跪进杯（bēi）食。有文马③，缟（gǎo）④身朱鬣（liè）⑤，目若黄金，名曰吉量，乘之寿千岁。

译文

犬封国也叫犬戎国，那里的国民都是狗的模样。犬封国有一女子，正跪在地上捧着酒食向人进献。那里还有一种有着彩色花纹的马，白色的身子，脖子上长着红色的长毛，眼睛像黄金一样闪闪发光，名字叫吉量，骑上它就能使人长寿千岁。

注释

①犬封国：传说中的国名。和历史上的犬戎国不同。

②方：正在。

③文马：皮毛带有彩色花纹的马。

④缟：白色。

⑤朱鬣：红色的长毛。鬣，指某些兽类（如马、狮子等）颈上的长毛。

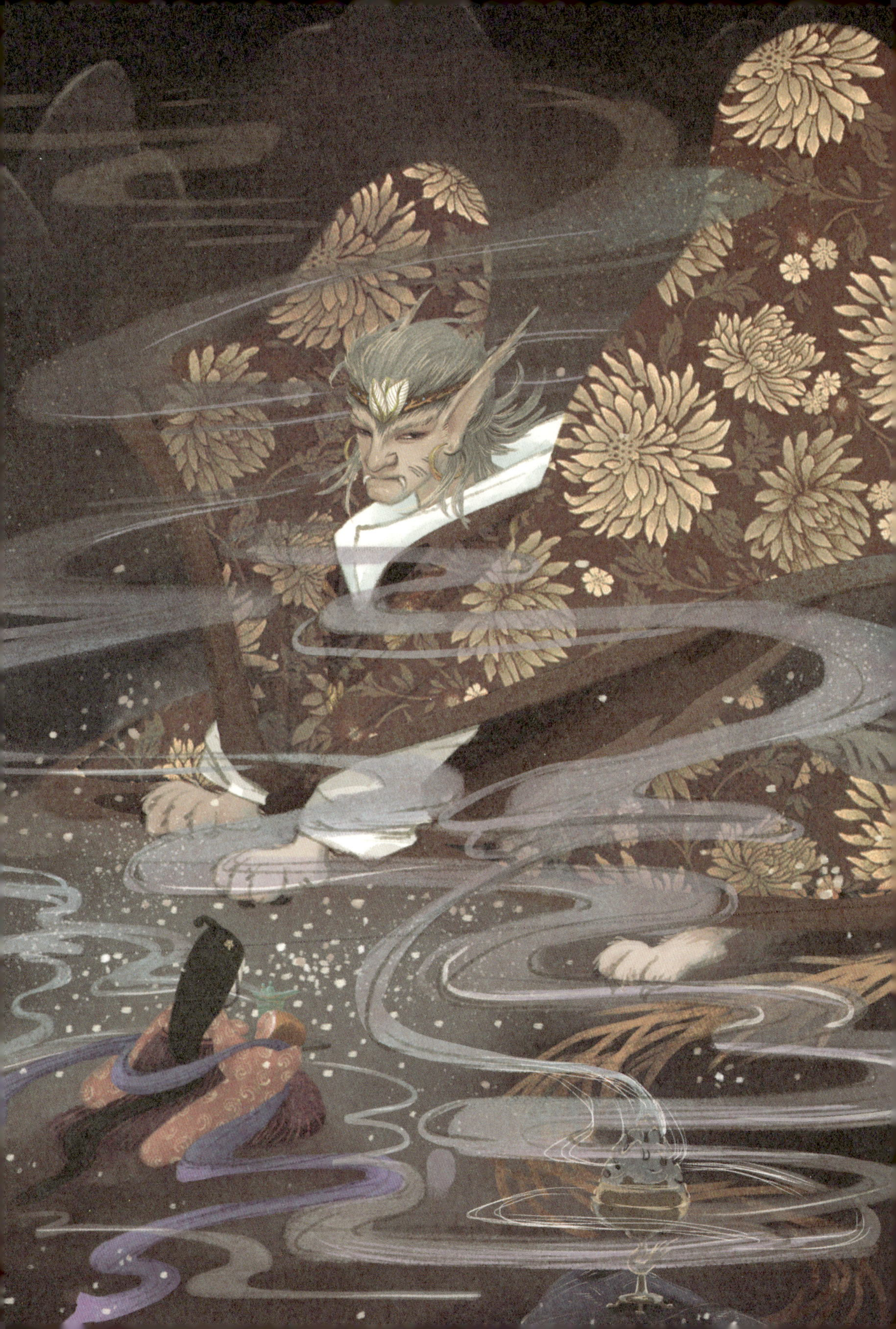

一个由狗建立的国家

传说在帝喾时期，王宫里有一位年老的妇人。

有一天，她的耳朵忽然听不见声音了，而且又痛又痒，请了很多名医来也看不出问题。

老妇人耳朵又痒得厉害，就用小勺子伸进耳朵里掏，没想到竟掏出了一条金灿灿的虫子。老妇人见这条小虫子长得奇特，就将它装进一个用瓠瓜做的容器里，再用盘子扣住。

几天以后，容器里传出了犬吠声。人们打开盘子一看，发现小虫子竟然变成了一只小狗。这只小狗浑身布满五彩花纹，可爱极了。

老妇人很喜欢这只小狗，给它起了个名字叫"盘瓠"。有一天，帝喾见到盘瓠，觉得它活泼可爱，便将它要到自己身边养着，盘瓠也很喜欢跟随在帝喾身边。

后来，北方有个部落首领叛乱，屡次侵犯边境。帝喾张榜公告，说："谁能平息叛乱，就能得到丰厚的赏赐。"

张榜的当天，盘瓠就失踪了，帝喾找了它两天都没找到。直到第三天，盘瓠才回到王宫，嘴里居然还叼着一颗人脑袋。

原来当天夜里，盘瓠跑到了敌军的军帐里。这时夜深人静，部落首领和手下都喝得酩酊大醉。盘瓠走到部落首领身边，一口咬下他的脑袋，然后连夜跑了回来。

帝喾这才知道盘瓠立了大功，大为高兴，就拿来肉粥喂给盘瓠吃。可盘瓠扭过头去不肯吃。

帝喾奇怪地问道："盘瓠，你为什么不吃东西呢？这是怎么了？"

盘瓠不理会他，仍趴在地上闭上了眼睛，好像在生气。

帝喾明白过来，笑道："你是在怪我没有兑现诺言吗？好，我现在就赏赐你封地和金银财宝，还把公主嫁给你，你觉得怎么样？"

盘瓠听完后就一跃而起，欢快地围着帝喾跑来跑去。后来，盘瓠修炼成人形，带着公主去了自己的封地。两人生儿育女，建立了一个新的国家，这个国家被称为"犬封国"。

海内北经

环狗国

环狗，其为人兽首人身。一曰猬（wèi）状如狗，黄色。

译文

环狗，这种人长着野兽的脑袋和人的身子。另一种说法认为他们的样子既像刺猬又像狗，全身是黄色的。

想逛集市的环狗国小朋友

环狗国坐落在一座郁郁葱葱的大森林里。这里的居民长着人的身体，却有着狗的面孔。他们在森林里搭建起小木屋，独自居住。

环狗国人十分勇猛，除了狩猎小动物外，也吃老虎、狮子等猛兽。虽然他们勇猛无畏，性情却像小狗一样，天生就对人类十分友好，对朋友更是忠诚无比。

异人篇

环狗国人世代居住在森林里，对外面的世界十分向往。有一天，两个环狗国小朋友在森林里玩耍，不知不觉走到了和邻国交界的地方。他们一边玩耍一边摘着野花，忽然生出一个想法：我们去人类的集市上，把这些野花送给大家吧！

当两个长着小狗脑袋的环狗国人出现在集市上时，人们忽然尖叫着逃窜起来，摊子都被掀翻了。水果、小吃和好看的货物撒了一地。

两个小伙伴呆呆地看着这一切，刚才还热闹的街道眨眼间狼藉一片。他们互相看着对方，这才发现自己长得和其他人不一样。

小伙伴甲难过地说："我们和他们长得不一样，看来我们不能再去集市上玩了。"

小伙伴乙很聪明，他想了想，说："我们只有脸和大家不一样。我们把脸遮起来，不就好了吗？"

两个小伙伴到处寻找可以用来遮挡脸的东西，最终他们用野花做了两顶花环遮住自己的狗耳朵，又用布遮住自己的长嘴巴和毛毛脸，然后回到了人类的集市上。

果然，没有人认出这两个环狗国人。他们把野花送给了集市上的人，卖糖葫芦的爷爷送给他们每人一串糖葫芦。

两个小伙伴开心地玩了一整天，才手牵着手回了家。

海内北经

离戎国

戎(róng)①,其为人人首三角②。

译文

戎族的人,长着人的头,头上却有三只角(装饰)。

注释

①戎:我国古代西北地区的少数民族。

②三角:三只角。也有人认为离戎国的人是戴着三只角状的装饰物。

红颜祸水的骊姬

骊姬是春秋时期骊戎国的公主，长得姿容艳丽。晋献公挥军攻打骊戎，骊戎不敌，愿意将骊姬和她的妹妹少姬献给晋献公。

晋献公便答应退兵，并将骊姬姐妹收入后宫。晋献公对骊姬格外宠爱，没多久就想立骊姬为夫人。

在立骊姬为夫人之前，晋献公命人用龟甲进行占卜。

占卜的巫师说道："占卜的结果很不吉利。"

晋献公闻言皱着眉头不说话。一个机灵的臣子便道："不如用蓍草再占卜一次吧。"

于是，巫师用蓍草再次占卜，结果是吉利的。

晋献公大喜，说道："就按照蓍草的结果办吧。"

巫师坦言道："用蓍草占卜的历史短，而用龟甲占卜的历史长，龟甲占的卦象显示，专宠会使人心生不良，将会偷走您的所爱。"

晋献公不听，下令立骊姬为夫人。晋献公的专宠让骊姬变得骄奢自负，在生下儿子后，骊姬就想立自己的儿子为太子。可这时晋献公已经有三个儿子了。

为此，她开始离间晋献公和三个儿子的关系，并设计除掉他们。在骊姬的操纵下，长子申生自杀，重耳和夷吾逃亡，史称"骊姬之乱"。

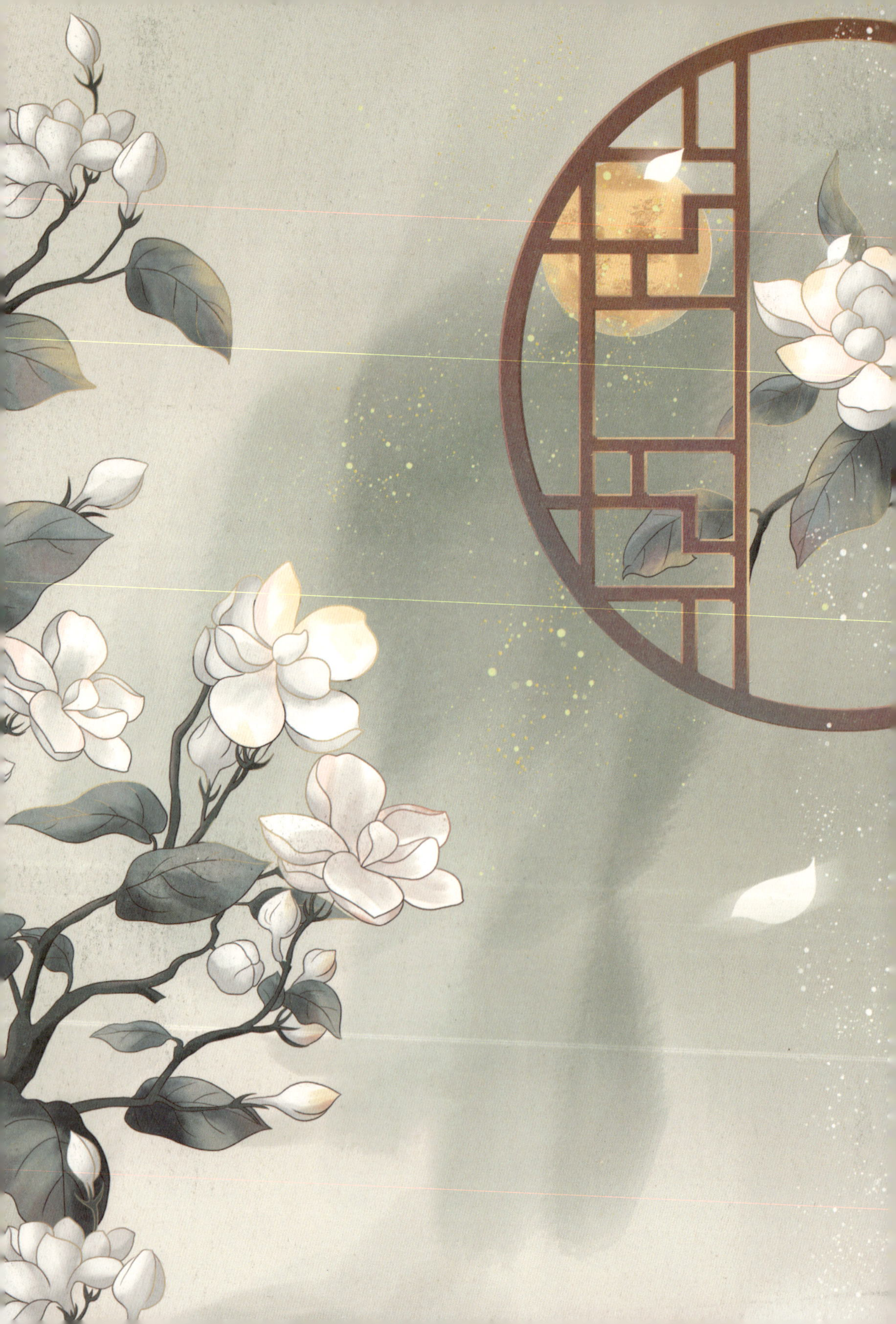

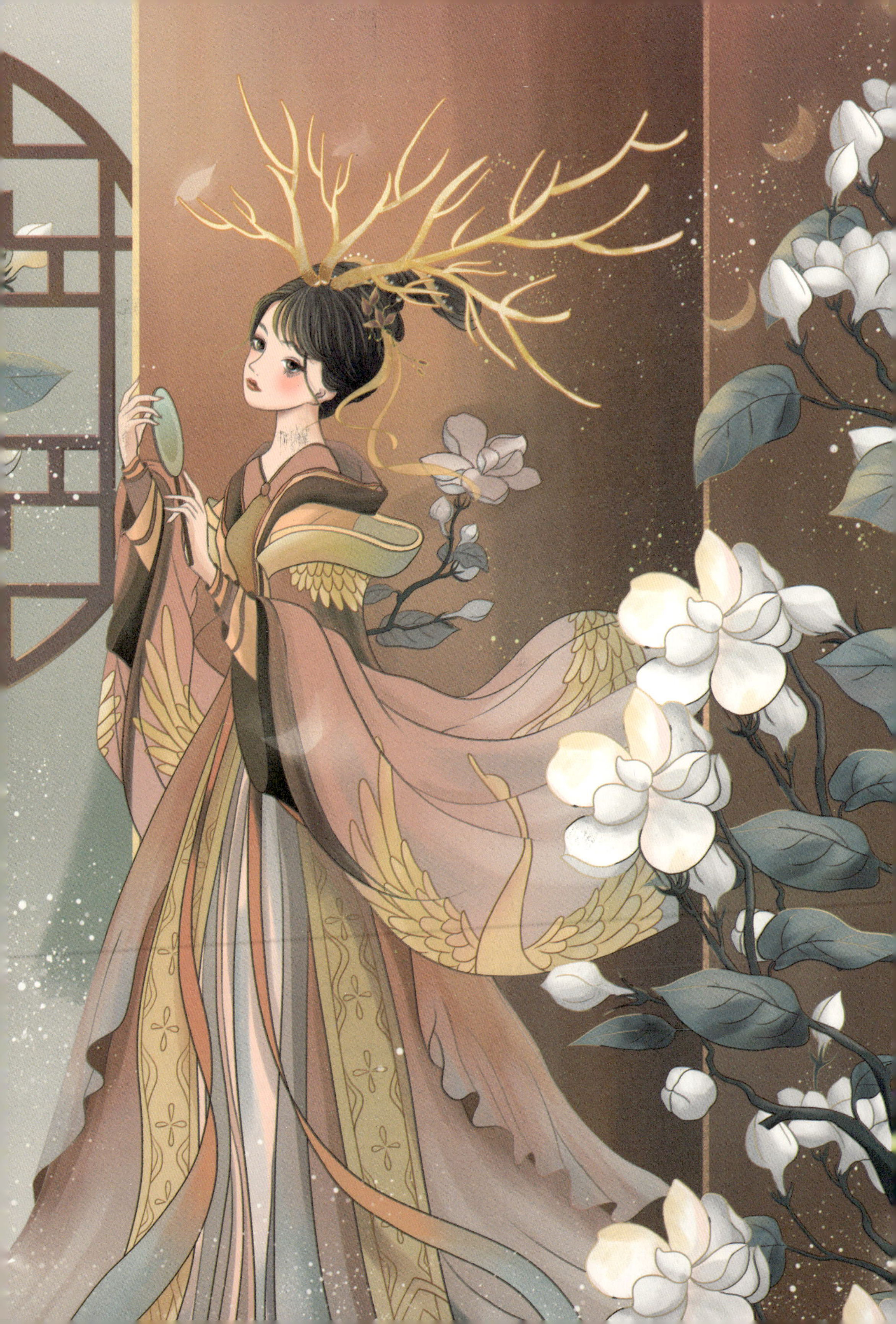

海内北经

林氏国

林氏国①有珍兽,大若虎,五采②毕具③,尾长于身,名曰驺(zōu)吾,乘之日行千里。

译文

林氏国有一种珍奇的野兽,大小与老虎差不多,身上有五种颜色的斑纹,尾巴比身子长,叫作驺吾,骑上它可以日行千里。

注释

①林氏国：国名，一说又称林胡、林戎，大约在今河北北部一带。

②五采：指青、赤、白、黑、黄五种颜色。

③毕具：齐全，完全具备。

日行千里的神兽 —— 驺吾

林氏国坐落于深山之中，这里与世隔绝，国内生活着一种珍奇的神兽——驺吾。

驺吾长得像白色的老虎，体形也跟老虎一样大，身上有五彩斑斓的花纹。最特别的是，驺吾有一条比身体还长的尾巴，这让它足以和老虎区分开来。

传说驺吾勇猛威武，擅长奔跑，骑上它能日行千里。长得威风凛凛的驺吾，生性却十分仁慈。驺吾从不忍心践踏草木，也不吃活着的生物。因此，人们将驺吾视作仁兽，与凤凰和麒麟等瑞兽齐名。

传说世间的君王执政清明、国家兴盛时，驺吾就会出现。

海内东经

姑射国

列姑射（yè）在海河[①]州中。

姑射国在海中，属[②]列姑射；西南，山环之。

译文

列姑射在大海的河州上。

姑射国在海中，隶属列姑射；高山环绕着它的西南部。

注释

① 海河：东海东部。

② 属：隶属。

异人篇

姑射国的神仙

北方的海上有一个仙岛,名为列姑射岛。

岛上有一个国家,名为姑射国。姑射国东北临海,西南方高山围绕,是个真正与世隔绝的地方。

传说中的仙境蓬莱岛就在列姑射岛附近。

姑射国人就像是我们平日里想象的神仙一般,他们不吃五谷杂粮,只要呼吸呼吸空气、喝喝新鲜的露水就可以存活。姑射国人肌肤若冰雪,皮肤又细又白又嫩,比冰霜里的那些雪还要好看。他们身形修长,永远都是一副年轻漂亮的样子。

传说姑射国人只要屏气凝神,就能让庄稼免于虫害,并且茁壮成长。没有什么东西可以伤害他们。

住在这里的人心境平和,没有什么可追求和贪恋的,完全可以用"心如止水"来形容。他们长生不老,正如传说中的仙人一样。

海内东经

华胥之国

华胥①履②大迹③生伏羲。

译文

华胥踩雷神的脚印，有感而受孕，生下伏羲。

注释

①华胥：中国上古时期华胥国的女首领，是伏羲和女娲的母亲、炎帝和黄帝的直系远祖，是中华文明的本源和母体，被中华民族尊奉为"始祖母"。

华胥国是华胥氏建立的一个以华阳故城（位于今河南省新郑市郭店镇华阳寨村）为核心的城邦国家。华胥国先后与今河南地区的燧明国和今山东地区的古雷国联姻，诞生了伏羲和女娲。

华胥与雷泽氏之子伏羲氏后来继承了华胥国的首领之位，并将燧明国与华胥国合二为一，以"龙"为图腾；定都于宛丘古城（今河南淮阳平粮台遗址），建立了罗奉国（伏羲王朝），是中国历史上统一国家的最早雏形。

②履：这里是踩、走的意思。

③大迹：这里特指雷神的脚印。

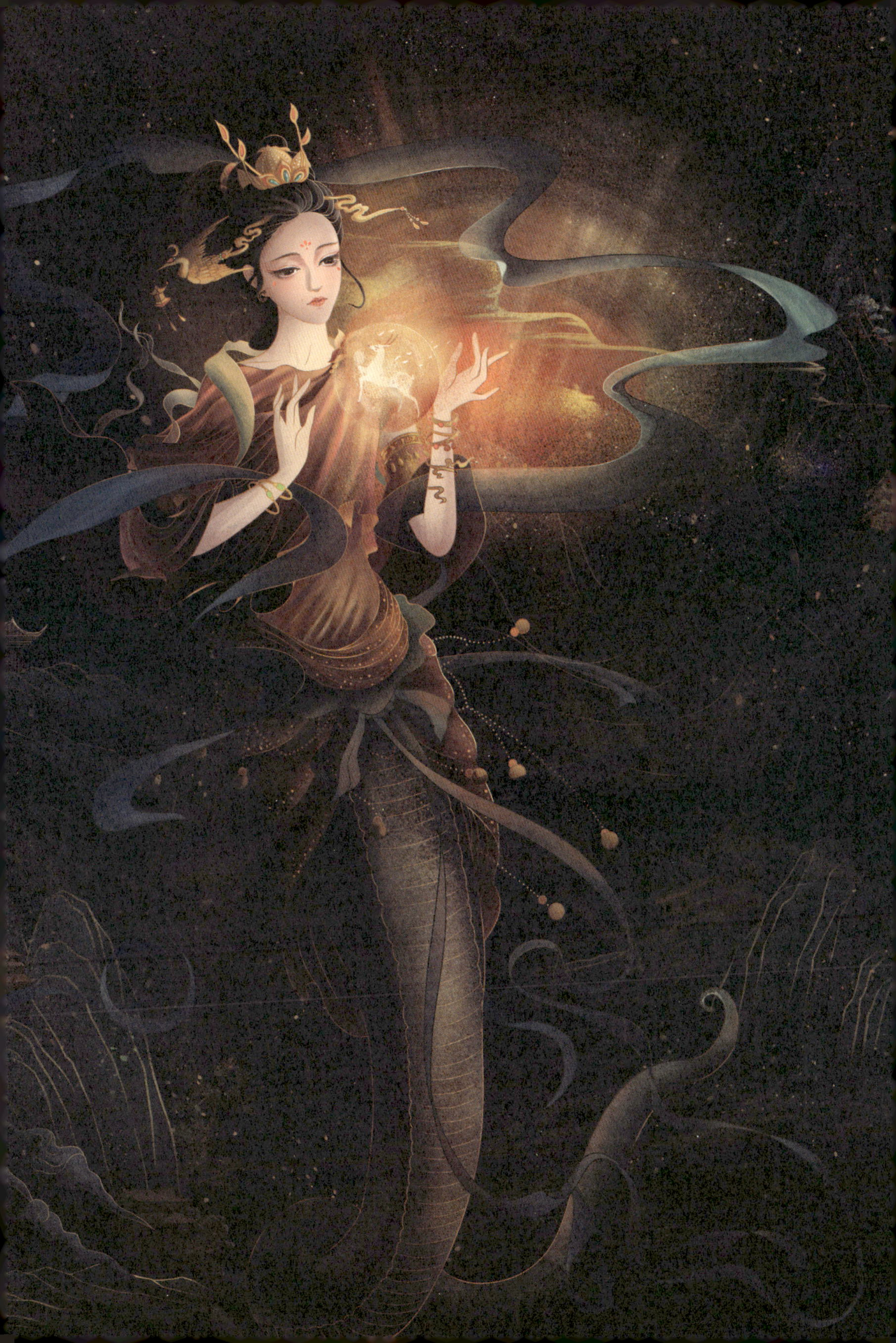

黄帝梦中游华胥

　　黄帝在位三十多年。他平定天下，国家在他的治理下井井有条，人民安居乐业。可黄帝的身体越来越差，他担心自己死后国家会陷入动荡，人民会失去安定的生活。他想，连自己的身体都打理不好，又怎么治理国家呢？于是，黄帝放下政事，躲起来修道，三个月都不理朝政。

　　这天晚上，黄帝在梦里神游到了一个国家——华胥国。这个国家人人平等，没有君主百姓之分，也没有高低卑贱之别。这里的人没有私心，也不贪婪，不会喜欢谁或者讨厌谁，也没有背叛和伤害。他们的日子过得平静自然，人人都很长寿。

　　黄帝醒来后豁然开朗，再也不忧愁了。他召来手下的大臣，说："我修道三个月，研究养生和治国之道，都没有找到答案。可今天我却在梦里找到了答案，我终于知道什么是道了！"

　　黄帝又统治了国家二十八年，将国家治理得跟华胥国几乎一样了。黄帝去世后，百姓们恸哭不绝。

　　其实黄帝所谓的道，就是道家之道——自然无为，无为而无不为而已。后世将黄帝和老子并称，视作道家的创始人物。

大荒东经

壎民国

有壎民之国。有蒉(qí)山①。又有摇山。有䲹山。又有门户山。又有盛山。又有待山。有五采②之鸟。

译文

有个国家叫壎民国。国境内有蒉山。又有摇山。有䲹山。有门户山、盛山、待山。还有一群五彩缤纷的鸟。

注释

① 蒉山：山名。
② 采：颜色。

壎民国的由来

在太阳和月亮升起的地方，有一个国家。这个国家的人热爱音乐，也擅长用骨头和木头制作出精巧的乐器。人们吹奏出的乐曲声一直上达九霄，五帝之一的

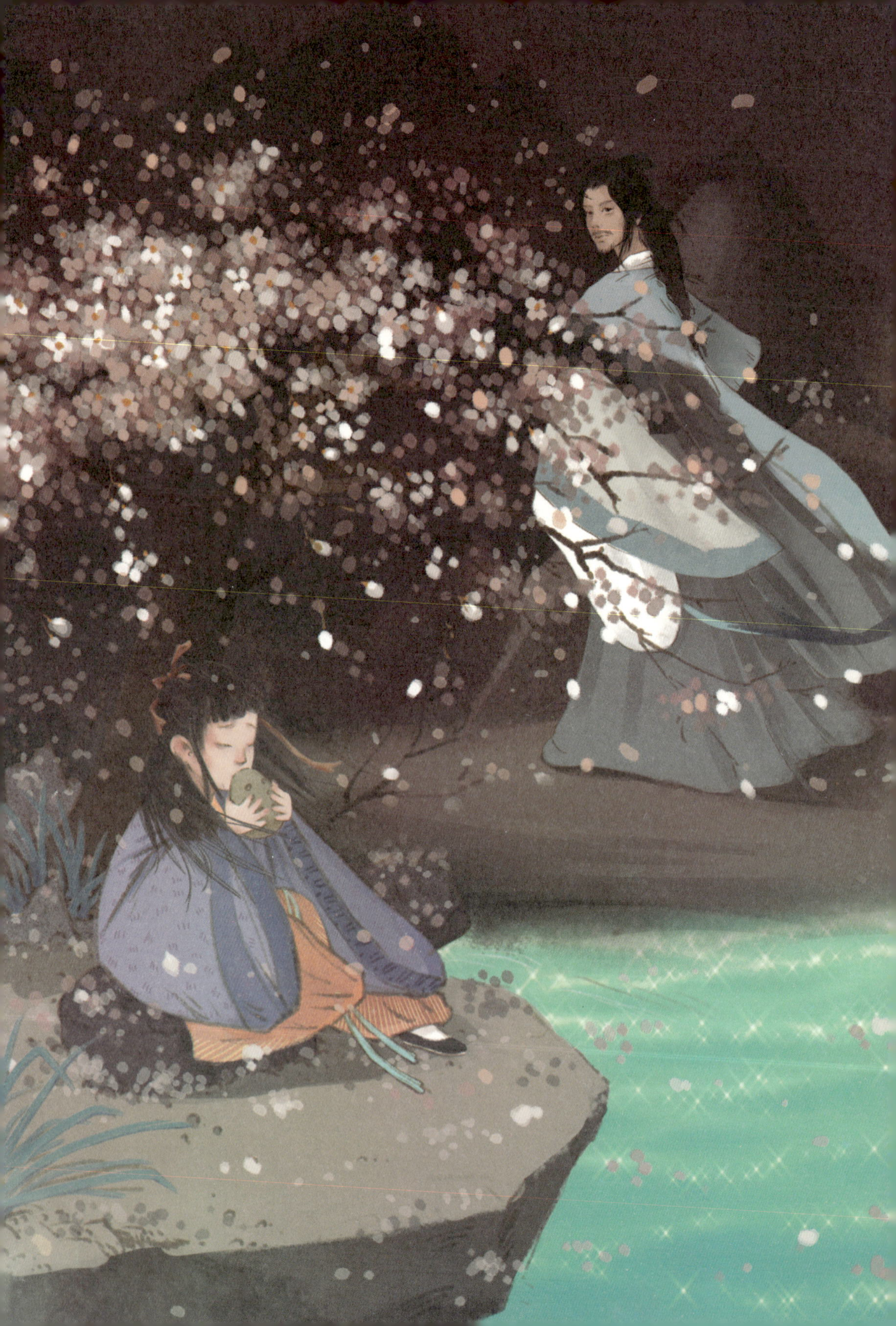

少昊听说，便下凡来寻找自己喜欢的乐器。

少昊落在一座美丽的山谷里。这里处处都有优美的乐声，少昊流连忘返。忽然，他听见一阵格外哀婉动人的乐声，是他从未听过的。

少昊不由自主地追随这阵乐声，一直往前走。他看见一个年轻人坐在河边，手中拿着一个他从未见过的乐器。那深深吸引了少昊的乐声正是从这个乐器里发出的。

少昊驻足良久，听着年轻人吹奏完一曲，才上前询问："这个乐器能让我看看吗？"

"当然可以。"年轻人将乐器递给少昊。

少昊举起乐器仔细观察，发现它是用石头做的，中间挖空了，器身上面还分布着许多孔洞。气流通过这些孔洞，才能发出如此曲折幽咽的乐声。

少昊也用这个乐器吹奏了一曲。热爱音乐的他吹奏出的曲子动听迷人，连山里的鸟雀都落了下来，静静地聆听。

一曲罢了，年轻人惊叹道："这个乐器还没有名字。就请你为它命名吧。"

少昊想了想，说道："就叫埙吧。"

少昊带走了埙和其他许多精巧的乐器。后来这个国家渐渐以制作埙出名，因此被称为"埙民国"。

大荒东经

女和月母国

有女和月母之国。有人名曰鹓（yuān）[1]——北方曰鹓，来风曰狻（yǎn）——是处东极隅以止[2]日月，使无相间出没，司其短长。

译文

有个国家叫女和月母国。有一个神名叫鹓，北方人称作鹓，从那里吹来的风称作狻，他在大地的东北角以便控制太阳和月亮，防止它们交相错乱地出没，掌握它们升起落下时间的长短。

注释

[1] 鹓：中国古代传说中类似凤凰的鸟。这里指传说中的人名。

[2] 止：这里指控制。

月母常羲和十二个月亮

常羲是帝俊的妻子,她在怀孕十二个月后,居然一胎生下了十二个姑娘。这十二个姑娘长得一模一样,每个人都有一张美丽而明亮饱满的脸庞。每到夜晚,她们的脸就会放射出明亮洁净的光芒,将漆黑的夜空照亮。

有一次,姐妹十二人结伴偷偷来到人间玩耍,对人间的美景流连忘返。可在她们玩得正高兴的时候,太阳落山了。姑娘们惊讶地发现,她们所喜爱的美景消失了,可怕的黑暗统治了大地。人们只能在黑暗中生活。

善良的十二姐妹决定帮助人们摆脱黑暗。她们要在夜间登上天空,接替太阳,驱走黑暗,使人们在晚上也不必害怕迷失方向。

母亲常羲在得知十二姐妹的决定后,对她们的无私奉献精神表达了热烈的赞同和支持。

从此,常羲便和女儿们住在一起。她每天亲自驾着九只凤凰拉的月亮车,载着一位女儿在夜空中巡视,为人们送去光亮。

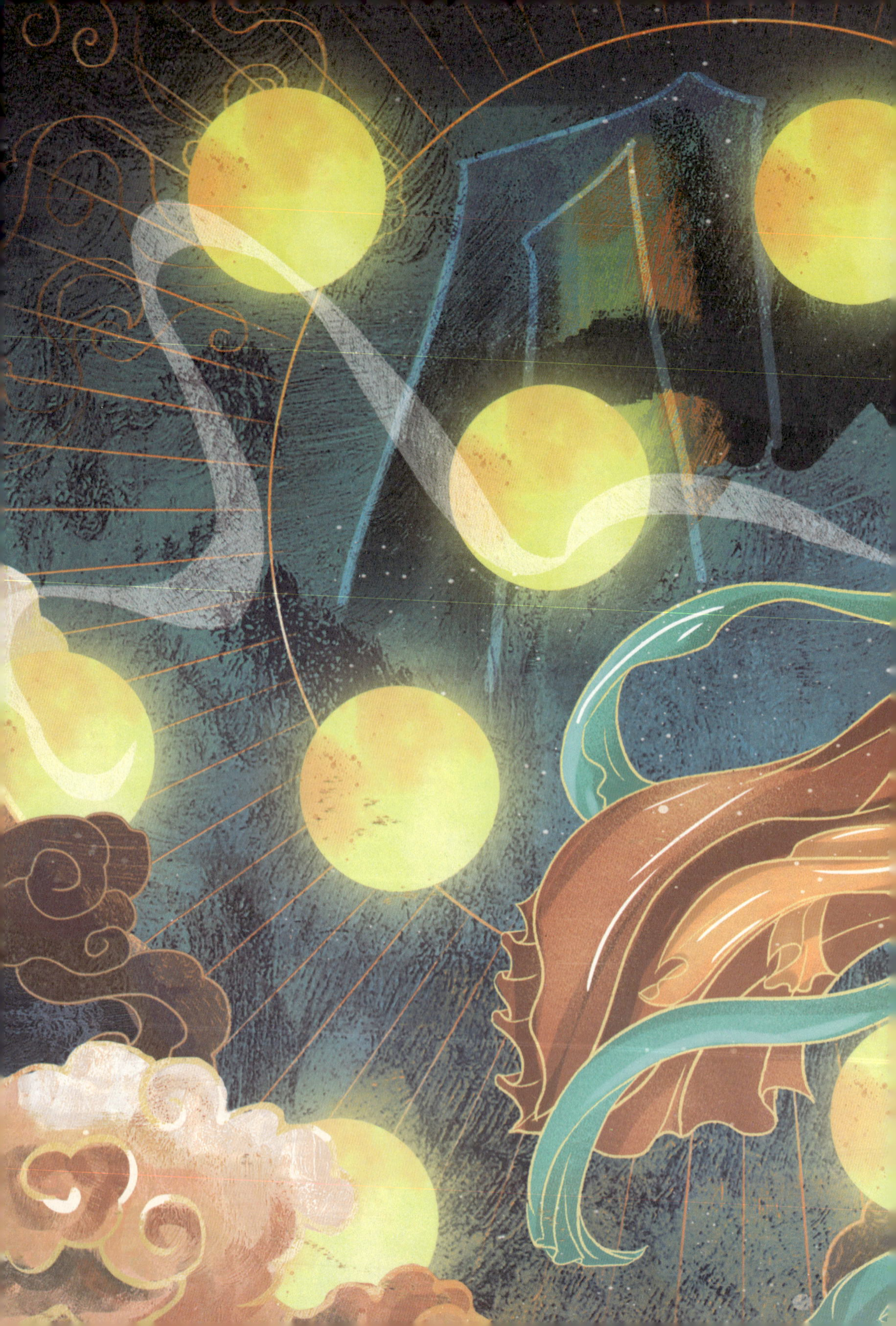

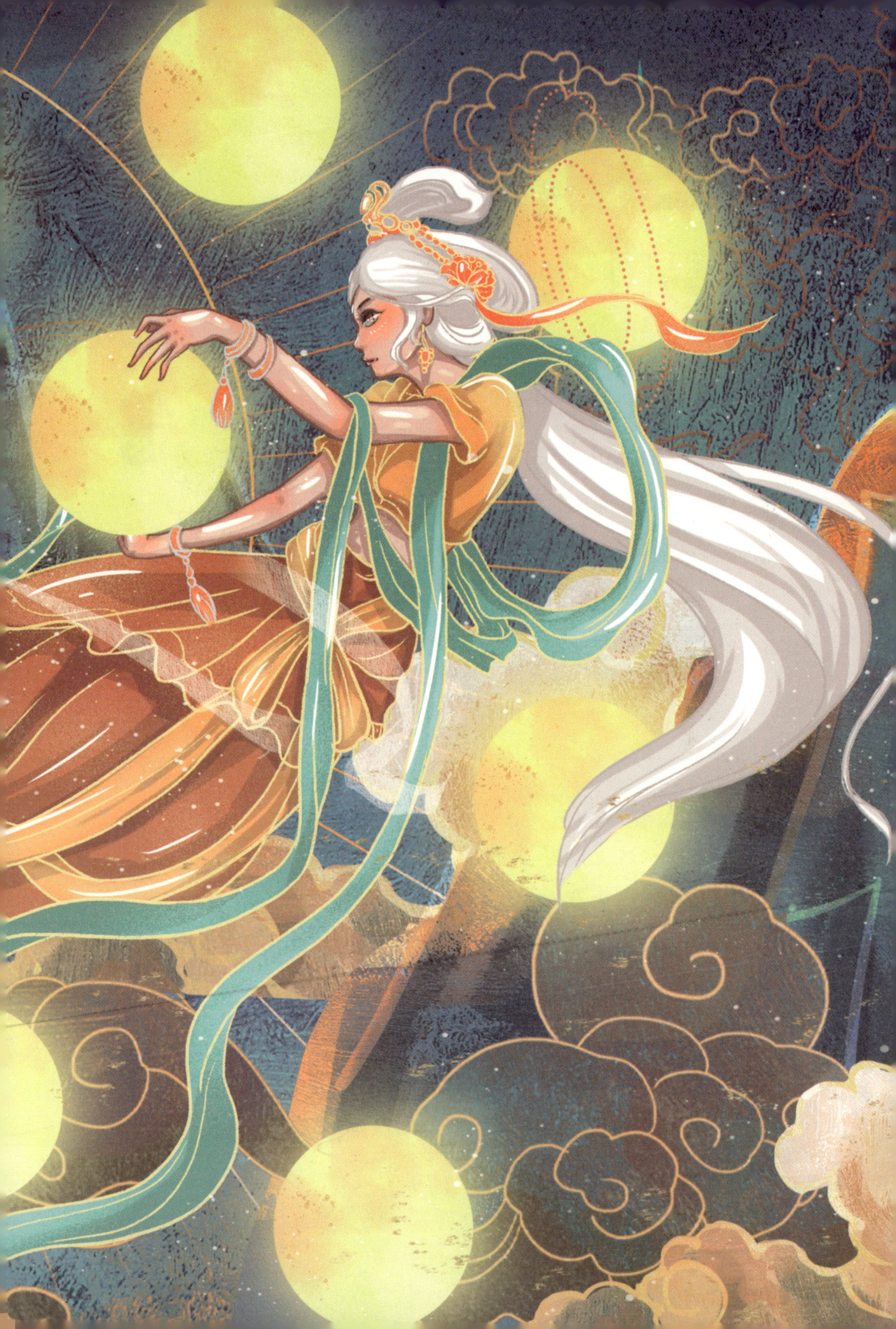

大荒南经

季禺国

又有成山，甘水穷①焉。有季禺（yú）②之国，颛（zhuān）顼（xū）③之子，食黍（shǔ）④。有羽民之国，其民皆生毛羽。有卵民之国，其民皆生卵。

译文

又有座山叫成山，甘水最终流到这里。有个国家叫季禺国，国民是颛顼的后裔，以黄米为食。还有个国家叫羽民国，那里的人都身长羽毛。又有个国家叫卵民国，那里的人都产卵。

注释

①穷：这里是尽头的意思。

②季禺：古代传说中的国名。

③颛顼：上古时期的部落联盟首领之一。被后世尊为"帝"，列入"五帝"。据《史记》记载，颛顼为黄帝之孙，昌意之子。颛顼因辅佐少昊有功，被封于高阳。在神话传说中被神化为北方天帝，又称黑帝或玄帝。

④黍：一种草本植物。去壳后就是黄米，煮熟后有黏性，可以酿酒、做糕。

异人篇

守着黍米的季禺人

季禺国地处不周山附近的成山，传说颛顼和他的次妃一共生了三个儿子，最小的儿子季禺建立了这个国家。季禺国的人勤劳善良，种植黍米作为自己的食物。

在季禺国周围，还住着羽民国和卵民国的人。羽民国人长着一双翅膀。季禺国人从来没见过他们种植作物，因此十分担心他们像鸟儿一样来偷吃自己的黍米。

到了黍米丰收的日子，有一个季禺国人就日夜守在田地里，防备着羽民国人来偷吃。就在他忍不住要睡着的时候，听见了翅膀扇动的声音。

他激动地挥舞锄头说："嘿！你这个小偷！果然来偷我的黍米了！"羽民国人不高兴地停下来说："你在喊谁小偷？我可不吃黍米。"

"撒谎！你们这些懒惰的家伙从不耕种，也不打猎，不偷吃我们的黍米，你们靠什么填饱肚子？"季禺国人越说越激动，其他的季禺国人也赶来，这个羽民国人被团团围住。

羽民国人见状，从口袋里掏出一枚煮熟的鸟蛋来说："我们羽民国人不吃黍米，只吃鸟蛋。不信你看。"

说完，这个羽民国人把鸟蛋放进嘴里大口大口地吃起来。季禺国人见他吃得这么香，这才相信了他的话。这样一来，他们再也不用担心羽民国人会来偷吃自己的黍米了，那个季禺国人也终于能回家睡个好觉啦。

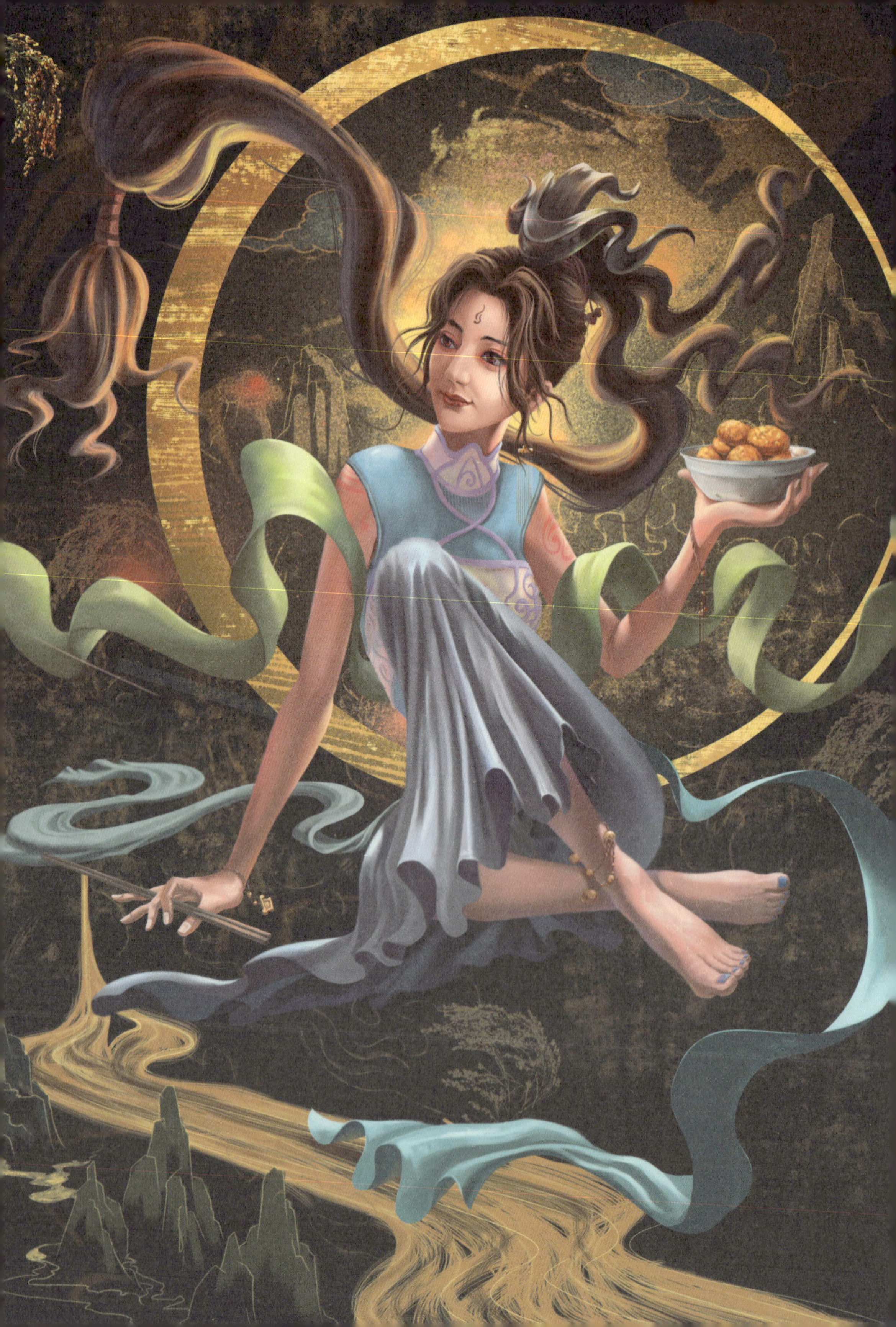

大荒南经

蜮民国

有蜮（yù）①山者,有蜮民之国,桑姓,食黍,射蜮是食。有人方扞（hàn）②弓射黄蛇,名曰蜮人。

译文

有座山叫作蜮山,山里有个蜮民国,这里的人都以桑为姓,以黄米饭为食,也把射死的蜮吃掉。有人正在拉弓射黄蛇,他的名字叫蜮人。

注释

①蜮:传说中一种在水里暗害人的怪物,口含沙粒射人或射人的影子,人被射中就会生疮,被射中影子也会生病。

②扞:古代射箭时的皮制臂套。

"含沙射影"的害人虫

蜮是神话传说中的害人虫,又被称为短狐、水狐、水弩、射工。蜮的形象在古书里的记载并不统一,有记载蜮的外形像鳖,有三只脚,口中生有一条弓弩形的横肉。也有记载把蜮描述为长着翅膀的甲虫。

《感应经》则认为,蜮是一种狐狸,生于南方。南方天热,人们常混杂在同一条河里洗澡,浊气生出了蜮这种动物。因此蜮也被称为短狐。

最让蜮广为人知的是一个成语——含沙射影。传说蜮生活在南方的水里,听到有人从岸上经过,就口含沙粒射进人的皮肉中。人被射中的地方就会长出疥疮,不及时医治还会丧命。还有更可怕的说法——蜮潜伏在水中,只要射中人的倒影,就能将人置于死地。

可这种可怕异常、能置人于死地的蜮,却是桑姓蜮民国人的盘中餐。

我们或许能在《大戴礼记·夏小正》中找到答案:"四月……鸣蜮。"传云:"蜮也者,或曰屈造之属也。"屈造亦作"鼓造",高诱释为:"鼓造盖谓枭,一曰蛤蟆。"如果将蜮解释为蛤蟆,蜮民射蜮为食也就不难理解了。

大荒南经

菌人国

有盖犹之山者，其上有甘柤，枝干皆赤，黄叶，白华，黑实。东又有甘华，枝干皆赤，黄叶。有青马。有赤马，名曰三骓（zhuī）①。有视肉②。

有小人，名曰菌人。

译文

有座盖犹山，山上有一种甘柤树，枝条和茎干都是红色的，叶子是黄色的，花朵是白色的，果实是黑色的。在此山的东面还有一种甘华树，枝条和茎干都是红色的，叶子是黄色的。有青色马。有红色马，名叫三骓。还有叫作视肉的怪兽。有一种身材矮小的人，名字叫菌人。

注释

①骓：毛色青白相杂的马。
②视肉：古代传说中的兽名。

吃下去就能成仙的菌人

传说有一种身形十分矮小的人,叫菌人,他们生活在盖犹山一带。

这些小人长得像一节手指那么长,穿红衣服,戴圆帽子,乘坐着白色的小车。

人们如果遇到菌人的小车,可以将他们抓住,连人带车一口吃掉。

异人篇

　　菌人的味道并不好，尝起来有些辛辣，可吃掉菌人后就能知道万事万物的名字，能杀死肚子里的三种虫子，还能成仙。吃下菌人后，还能从此不再被虫子叮咬。

　　还有一种说法：菌人国的人民个个心灵手巧，精通编织和酿酒，周遭部落会抓捕菌人回去为自己酿酒和编织衣物，一次能抓捕数万菌人。还好菌人吃草就能生存，生殖能力也很强，所以并没有灭绝。

大荒南经

伯服国

有国曰伯服，颛顼生伯服①，食黍。

译文 有个国家叫伯服国，这个国家的人是颛顼的后代，这里的人以黄米饭为食。

注释

①伯服：颛顼的儿子。与历史上周幽王和褒姒的儿子、周平王的弟弟伯服并不是同一人。

颛顼大战黄水怪

颛顼是黄帝的孙子，他不仅拥有过人的力量，还有着过人的勇气。传说在很久很久以前，西南一带有个黄水怪，它常常口吐黄水，冲毁房屋，淹没农田。

颛顼决心降伏黄水怪。

可黄水怪神通广大，颛顼和它激战九九八十一天仍不分胜负，便请求女娲帮忙。

女娲将天王宝剑交给颛顼，颛顼用天王宝剑打败了黄水怪。为了给人间造福，他用天王宝剑把大沙岗变成了一座山，取名付禹山，又用剑在山旁划一道河，取名硝河。从此，这里有山有水，人们过上了富足安定的日子。而人们也没有忘记颛顼的功劳，将颛顼尊称为"高王爷"。

传说有一天，高王庙门口出现一位白发苍苍的老人，他坐在台阶上闭目养神。不久，天降大雨，洪水滚滚而来，淹没田地，冲毁农庄。可洪水流到白发老人的面前就不再往前流了，此时从水中钻出了两个怪物。白发老人一挥手，怪物就沉入水中，神奇的是，洪水也慢慢地退去。

高王庙一带的人们，也因此躲过了一场洪水灾害。人们都说那位白发老人，就是显灵的高王爷。

伯服不仅是颛顼的长子，还继承了颛顼的国号，是唯一继承颛顼国号的后代。

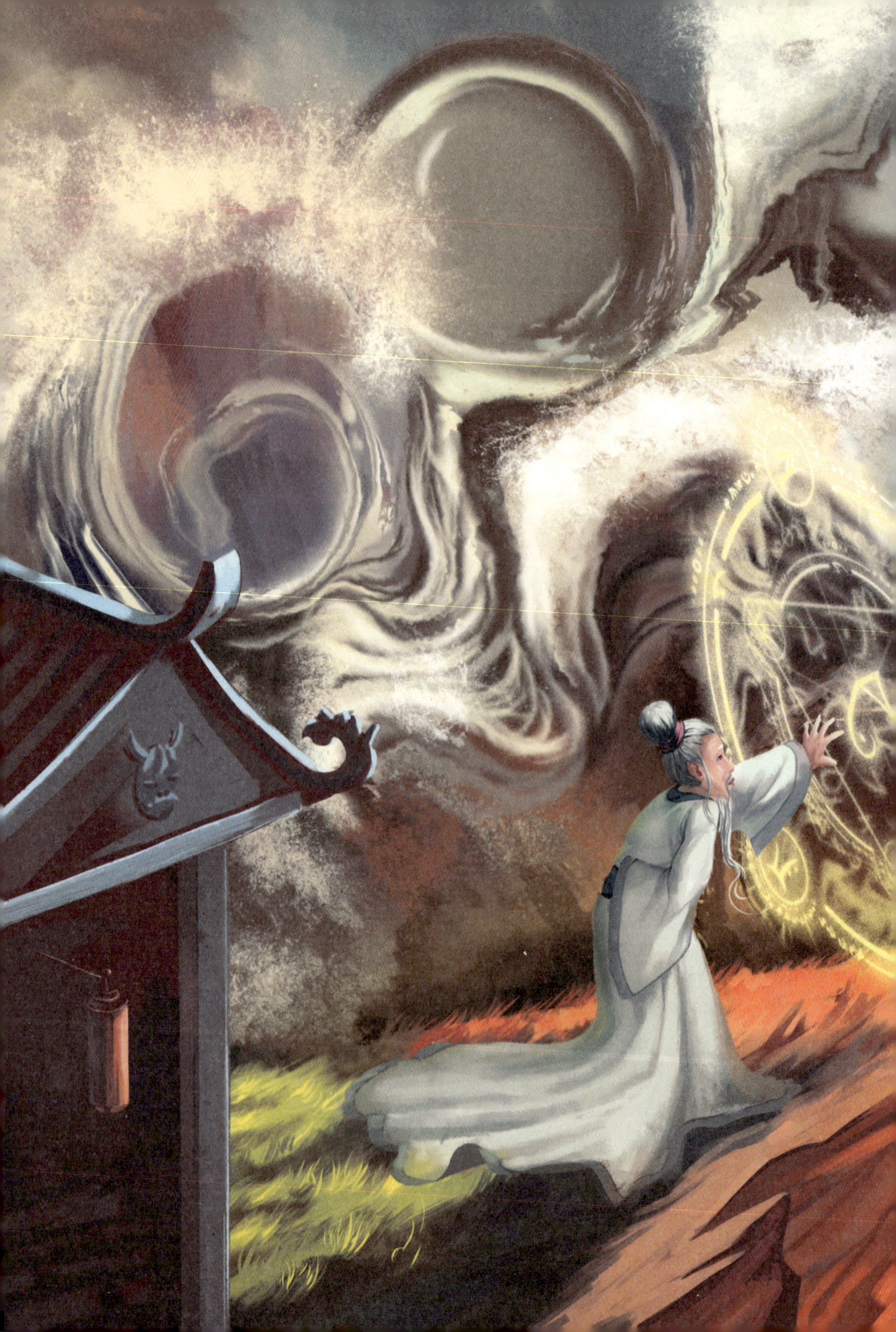

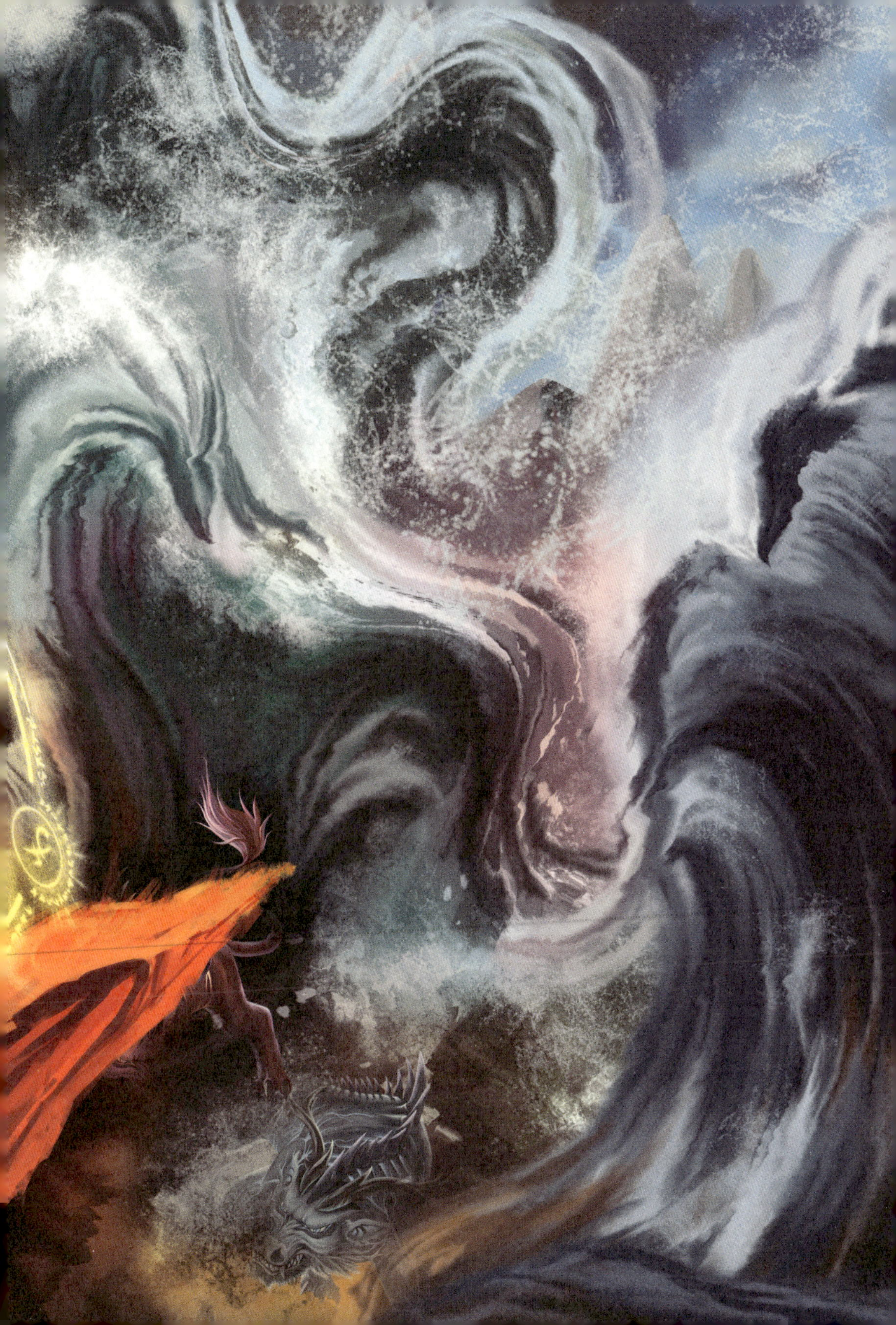

大荒西经

淑士国

西北海之外，大荒之隅①，有山而不合，名曰不周②，有两黄兽守之。有水曰寒暑之水③。水西有湿山，水东有幕山。有禹攻共工国山④。

有国名曰淑（shū）士，颛顼之子。

译文

在西北海以外，大荒的一个角落，有座山断裂而合不拢，名叫不周山，有两头黄色的野兽守护着它。有一条河流名叫寒暑之水。寒暑之水的西面有座湿山，寒暑之水的东面有座幕山。还有一座禹攻共工国山。

有个国家名叫淑士国，这里的人是颛顼帝的后代。

注释

①隅：角落。

②不周：即不周山。传说中的山名，据传共工与颛顼争权时，怒触不周山，造成天崩地裂。

③寒暑之水：指冷水和热水交替涌出的泉水。

④禹攻共工国山：指禹杀共工之臣相柳的地方。

穷酸淑士

这天，林之洋和多九公来到淑士国，只见城墙上写着金字对联："欲高门第须为善，要好儿孙必读书。"

林之洋问多九公该带什么货进城里卖。多九公道："此国既名'淑士'，想必读书人很多，带些笔墨之类最好。"

林之洋便准备了笔墨纸砚，和唐敖、多九公一起进城。

城里人果然都是儒者打扮，人们斯斯文文，处处都是读书声。多九公道："传说淑士国国王是颛顼的后代，这里人人举止儒雅，又好读书。"

林之洋带着笔墨去学堂里卖，学生们听说他是从大唐来的，纷纷围住他，要跟他探讨学问，对对子。

学生出上联："云中雁。"

林之洋没有学问，抓耳挠腮半天，随后胡诌："鸟枪打。"

谁知，学生们竟然称赞不已，觉得他对得工整。

随后，学生们又向他讨教"老子"之学，林之洋回答："你们看过少子吗？"

学生们都不知道少子是什么，纷纷对林之洋的学问啧啧称奇。

林之洋窃笑不已，其实哪里有什么"少子"，是他随口乱编的罢了！

林之洋戏弄嘲笑了这群书生一番,又拿出笔墨纸砚来卖。没想到这里的人爱财如命,想买笔墨又舍不得花钱,林之洋赔本才将带来的货物卖出去。

淑士国人满口"之乎者也",其实个个胸无点墨,穷酸迂腐,把一文钱看得比命都重要。

可见淑士不淑,学问和修养都是装出来的。没有真才实学,装腔作势只会惹人耻笑。

大荒西经

西周国

有西周之国，姬姓，食谷。有人方耕①，名曰叔均②。帝俊生后稷(jì)③，稷降④以百谷。稷之弟曰台玺(xǐ)⑤，生叔均。叔均是代其父及稷播百谷，始作耕⑥。

译文

有个西周国，这里的人们姓姬，以谷米为食。有个人正在耕田，他的名字叫叔均。帝俊生了后稷，后稷把各种谷物的种子从天庭带到人间。后稷的弟弟叫台玺，台玺生了叔均。叔均于是代替父亲和后稷播种各种谷物，并开始创造耕田的方法。

注释

①方耕：正在耕田。也指建立部落。

②叔均：本名姬均，"叔"字放在名字前，或表示尊敬，或表示长幼次序。他是帝喾之孙、台玺之子，与父亲一起也被周王尊为先祖。

③后稷：姬姓，名弃，被尊为稷王（也作稷神）、农神、

耕神、谷神。教民耕种与稼穑之术。尧舜时，为司农之神。他第一个建立粮食储备库和畎亩法，放粮救饥，赐百姓种子。

④降：本义是从高处走下来，这里指从天庭到人间。

⑤台玺：姬姓，上古帝王帝喾的第五子，周部族首领。

⑥始作耕：开始创造耕田的方法。也指开始建立国家。

农业始祖后稷

相传在很久很久以前，炎帝后裔有邰氏的女儿姜嫄偶然在地面发现一个巨人足迹，踏上去之后就怀孕了，不久后生下一个儿子。

这个没有父亲的孩子被周围的人视作"不祥之物"，姜嫄就把他抛弃了三次，可每次都有牛羊、飞鸟和人来相救。姜嫄认为他是个神子，就给他起名叫"弃"。

弃从小就喜欢农艺，在母亲的教导下掌握了很多农业知识。他看到人们仅仅靠打猎来维持生活，常常填不饱肚子，就决心要想办法彻底改变这个局面。

他走到山坡上，看着漫山遍野的植物，灵机一动：人们为什么只依靠猎物当食物呢？这些植物的果实、茎叶，难道不能吃吗？

于是，弃尝遍百草，为人们找到了大量可以食用的植物，因此被后人尊称为"农业始祖"。

可后稷并不满足于此。他经过反复思考研究，发现用种子就能种出植物。而植物的生长往往与天气和土壤有密切的关系。在发现这一点后，后稷开始教导人们选育良种，有计划地进行播种和耕种。

相传后稷的精神感动了天帝，天帝赐给他百谷种子，让他为民造福。从此，人类摆脱了茹毛饮血的生活。

大荒西经

北狄国

有北狄（dí）[①]之国。黄帝之孙曰始均[②]，始均生北狄。

> **译文**
>
> 有一个北狄国。黄帝的孙子叫始均，始均的后代就是北狄国人。

注释

[①] 北狄：古代北方少数民族的统称。北狄的称谓最早起始于周代，是居住于今山西、河北的非华夏部落。周朝时期的中原人把周围非华夏族的四方，称为东夷、南蛮、西戎、北狄，以区别于华夏族。

[②] 始均：黄帝的孙子。黄帝有子二十五人，黄帝正妃嫘祖所生少子昌意，受封北土，国有大鲜卑山，因以为号。他的儿子始均传说为拓跋鲜卑的早期首领。

游牧民族北狄

北狄国人的祖先昌意，是黄帝的儿子。

北狄国一到冬天，就大雪纷飞，寒风刺骨。北狄国人要赶在冬季到来之前，储备足够的食物和皮毛。

北狄国人不耕种，以狩猎为生。身强体壮的男人负责狩猎，心灵手巧的女人则负责将猎物剥皮晒干制作成保暖的衣物和帽子，小孩和老人也会做些力所能及的事。

寒冬到来时，北狄国人就会聚集在大山洞里。山洞里的温度比外面高，大家挤在一起也可以取暖。

各家各户将自己储备的肉干都拿出来，一起分享。在过冬的时候，无法出去狩猎，北狄国人就会用木头和石头制作打猎的箭镞，等待开春后用来狩猎。

这样的群居生活，让北狄国人越发团结融洽，也为接下来的狩猎生出了更多默契。

北狄国人在狩猎的过程中，渐渐学会了驯养捕捉来的野兽。他们开始在草原上放牧牛羊，逐渐成为游牧民族。

在春秋时期，骁勇善战的北狄国人势力很强，灭掉了许多小诸侯国，积累了丰富的作战经验，还和齐国、鲁国等大国打过仗。后来北狄国人因为内乱，整个部落逐渐分化成许多个小部落，他们最后都被强大的晋国吞并了，只剩下一个中山国。

大荒西经

寒荒国

有寒荒之国。有二人女祭①、女薎(miè)②。

译文

有个寒荒国。这里有两个人,分别叫女祭、女薎。

注释

① 女祭:女巫的名字。
② 女薎:女巫的名字。

神秘的巫女

传说战神刑天和黄帝在常羊山打斗,最后刑天落败。黄帝砍下了刑天的脑袋,又把常羊山劈开,将刑天的脑袋埋入其中。从此以后,这里总是乌云密布,笼罩在一片令人毛骨悚然的晦暗中。

异人篇

在常羊山附近，还有一大片阴森的荒凉之地，被称为寒荒国。这里住着女祭和女薎。

寒荒国没有四季之分，永远都停留在寒冬。女祭和女薎却不畏惧寒冷，仍然穿着丝绸的裙子。她们长得美丽高贵，女薎手里拿着金色酒杯，女祭手里捧着俎。她们是两位巫女。在古代，巫女能代替人类与神灵沟通，向神灵传达人类的祈求，献上牲畜、美酒等祭品。

相传，女祭和女薎不仅拥有长生不老的能力，还能用意念变化石头。有一年冬天格外寒冷，连两位巫女都住进了山洞里。可山洞里也一样寒冷，女祭便将一块巨石变成了温暖的毯子。女薎则将许多小石头变成了毛茸茸的小动物。

就这样，她们将冷冰冰的石块变成了柔软的毯子和小动物，拥抱着取暖。

等到寒冬过去后，她们又会离开山洞，继续生活在寒冷的风中。

偶尔有一些人误闯入寒荒国，都会被这里的气候吓得动弹不得。两位巫女会用神力，将闯入者送出寒荒国。

一年年过去，两位巫女仍然独自居住在那里。

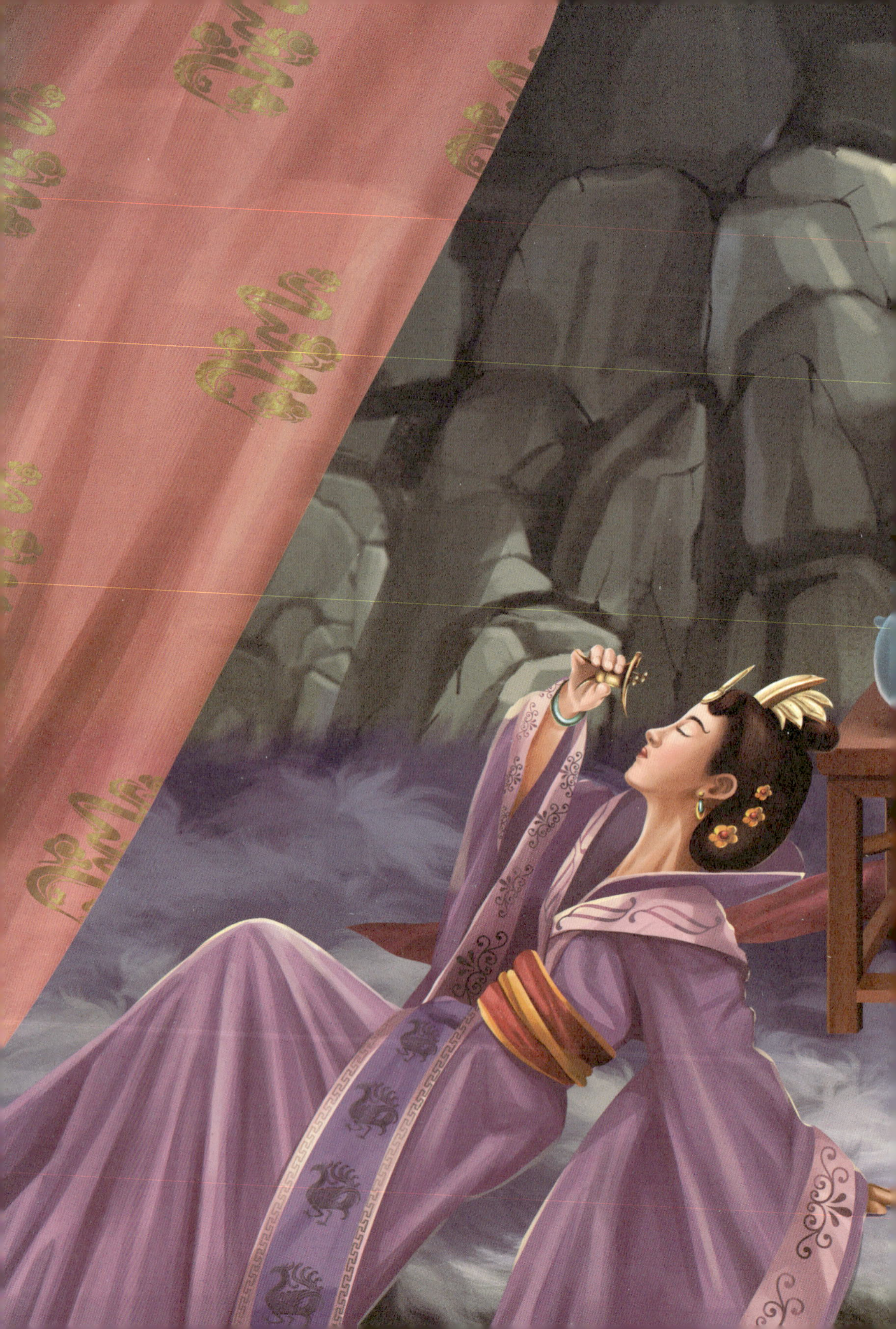

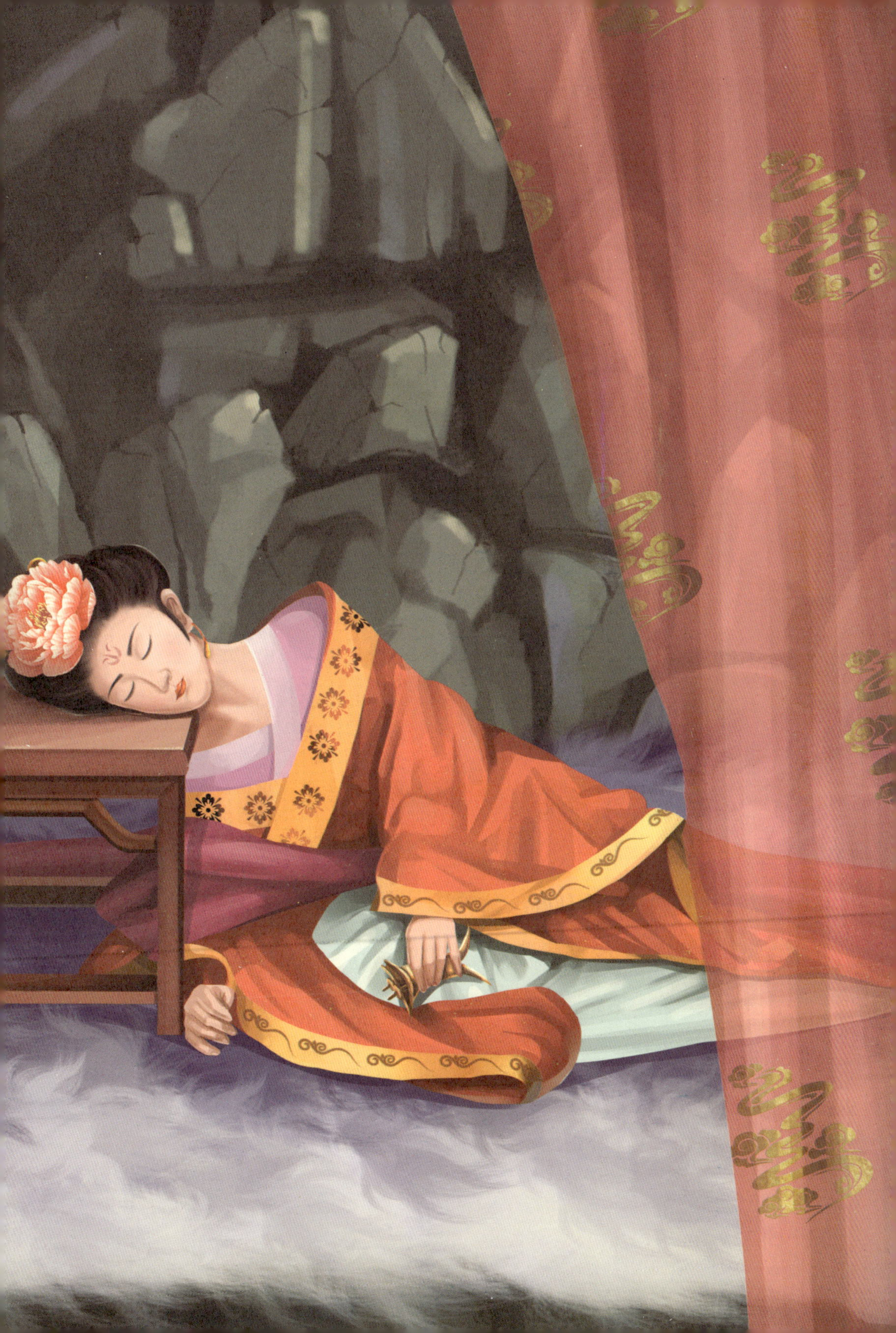

大荒西经

沃野国

有沃民之国，沃民是处。沃之野①，凤鸟之卵是食，甘露是饮。凡其所欲，其味尽存。爰（yuán）②有甘华、甘柤（zhā）、白柳、视肉、三骓、璇（xuán）瑰③、瑶碧、白木、琅（láng）玕（gān）、白丹、青丹，多银、铁。鸾（luán）凤④自歌，凤鸟自舞，爰有百兽，相群是处，是谓沃之野。

译文

有个沃民国，沃民居住在这里。生活在沃民国原野的人，吃的是凤鸟生的蛋，喝的是天降的甘露。凡是他们心里想要的美味，都能在凤鸟蛋和甘露中尝到。这里还有甘华树、甘柤树、白柳树、白丹、青丹，多出产银、铁。鸾鸟自由自在地歌唱，凤鸟自由自在地舞蹈，还有各种野兽，群居相处，所以称作沃野。

注释

① 沃之野：即"诸夭之野"。

② 爰：这里，那里。

③ 璇瑰：美玉名。

④ 鸾凤：鸾鸟和凤凰。古代传说中的神鸟。

真正的世外桃源

传说，昆仑山是西王母的住所。西王母是神话里至高无上的女神，辈分比玉帝还要高。那西王母为什么会选择昆仑山作为自己的住所呢？

传说西王母选择住所时找了许多仙山，都不合自己的心意。忽然有一天，她看见云层里有彩凤翱翔。

西王母被美丽的凤羽吸引，情不自禁地驾着祥云追了上去。只见彩凤飞翔许久之后，终于停留在一座山上。

这座山仙气环绕，处处生长着奇花异草，彩色的凤鸟在甘华树上自由自在地飞翔。西王母高兴地说："此山应有尽有。"于是，便将昆仑山当作了自己的住所。

她普降甘露，使得这里的花草树木长得更加茂盛了。许多人和仙兽都被吸引，纷纷来到山里定居。渐渐地，这里就建立起了沃民国。

大荒北经

始州国

有始州之国，有丹山。有大泽①方千里，群鸟所解②。

译文

有个始州国，国中有座丹山。有一大泽方圆千里，是各种鸟脱去旧羽毛再生新羽毛的地方。

注释

① 大泽：大湖沼，大薮泽。
② 解：脱去旧羽毛再生新羽毛。

鸟儿的礼物

始州国周围有三座山，分别是阳山、丹山和顺山。这里有水流环绕，土地肥沃，是一片世外桃源。

有一天下午，陆地上忽然狂风大作。伴随着这阵风，有许多色彩鲜艳的羽毛从天上飘落下来。人们从未见过这么美丽的羽毛，纷纷追赶着捡拾，打算用它们点缀自己的屋子。爱美的姑娘想把羽毛装饰在自己的头发和衣服上。

有个小男孩问:"这些羽毛是从哪里来的呢?"

人们七嘴八舌地说:"一定是从鸟儿身上落下的。"

"这阵风太猛啦,把经过这里的鸟儿身上的羽毛都刮下来了。"

"可我们从没见过附近有鸟儿啊。"大家喊喊喳喳,谁也说服不了谁。捡完羽毛,就纷纷散去。

只有那个提问的小男孩,决心要弄清楚事情的真相。

小男孩沿着羽毛掉落的踪迹,一路寻找。他走过沼泽和水流,爬过山谷,途中好几次累得走不动了。但是他咬咬牙,坚持站了起来。

这时,一只青色的鸾鸟款款飞来,在低空盘旋,好像在给小男孩指路。小男孩顿时感觉浑身又有了力量,爬起来追随鸾鸟往前走。终于,他来到了一片开阔的草地上。

只见这里盘旋着各种各样的鸟儿,它们色彩各异,每一只都漂亮极了!看得小男孩眼花缭乱。

鸟儿们围绕着小男孩飞了三圈,每只鸟都从身上拔下一支羽毛送给小男孩,金色的、红色的、青色的……比人们捡到的要美丽百倍。

在这里度过愉快的一天后,鸾鸟便载着小男孩,将他送回了自己家里。

大荒北经

儋耳国

有儋（dān）[1]耳之国，任姓[2]，禺号子[3]，食谷。

译文

有个国家叫儋耳国，那里的人都姓任，是禺号的后裔，以谷米为食。

注释

[1] **儋**：通"担"，负荷。

[2] **任姓**：黄帝赐封的十二个基本姓氏之一，是一个十分古老而又具有光荣传统的姓氏。

[3] **子**：后代。

大耳朵的国度

在很久很久以前，儋耳国的人耳朵并不大。

那时的儋耳国，人们以一种"猫儿谷"作为粮食。

导人篇

可是当时人们耕种和捕猎的方式都很落后，所以总是吃不饱，食物是很稀有的资源。部落和部落之间，常常为了食物而大打出手。那时候还没有金属武器，打起架来往往是谁更强壮有力，谁就容易占上风。

这时候，部落里出现了一个特别的年轻人。这个年轻人长得并不高大强壮，也不比别人敏捷，可他种植

的粮食收获最多。打猎时，别人抓不到的猎物，他却能抓到。

部落打猎时让他带队，捕获的猎物比平时要多出一倍。打仗的时候，只要听从他的指挥，总能取得胜利。

人们认为这个年轻人获得了神灵的庇佑。可他为什么能得到神灵的庇佑呢？人们仔细观察，发现他的长相并不出众，也和大家一样穿兽皮粗麻衣服，住窝棚。

唯一不一样的是——他的耳朵特别大，耳垂快垂到肩膀了。

部落里的人认定，这就是他最特别的地方！从此，都叫他大耳。

不久，他便成了部落首领，这个部落因此也被称为"大耳部"。

大耳部在首领的带领下越来越强大，逐渐吞并其他部落，建立了儋耳国。儋耳国统一了文字律法，在国王的统治下，人民过上了富足安定的日子。

海外南经

羽民国

南山在其东南。自此山来,虫为蛇,蛇号①为鱼。一曰南山在结匈东南。

比翼鸟在其东,其为鸟青、赤,两鸟比翼。一曰在南山东。

羽民国在其东南,其为人长头,身生羽。一曰在比翼鸟东南,其为人长颊(jiá)。

译文

南山在它的东南面。从这座山来的人,把虫叫作蛇,把蛇叫作鱼。也有一种说法认为南山在结匈国的东南面。

比翼鸟在它的东面,这种鸟有青色、红色间杂的羽毛,两只鸟的翅膀配合起来才能飞翔。也有一种说法认为比翼鸟在南山的东面。

羽民国位于它的东南面,那里的人都长着长长的脑袋,全身长满羽毛。另一种说法则认为,羽民国在比翼鸟的东南面,那里的人都长着长脸颊。

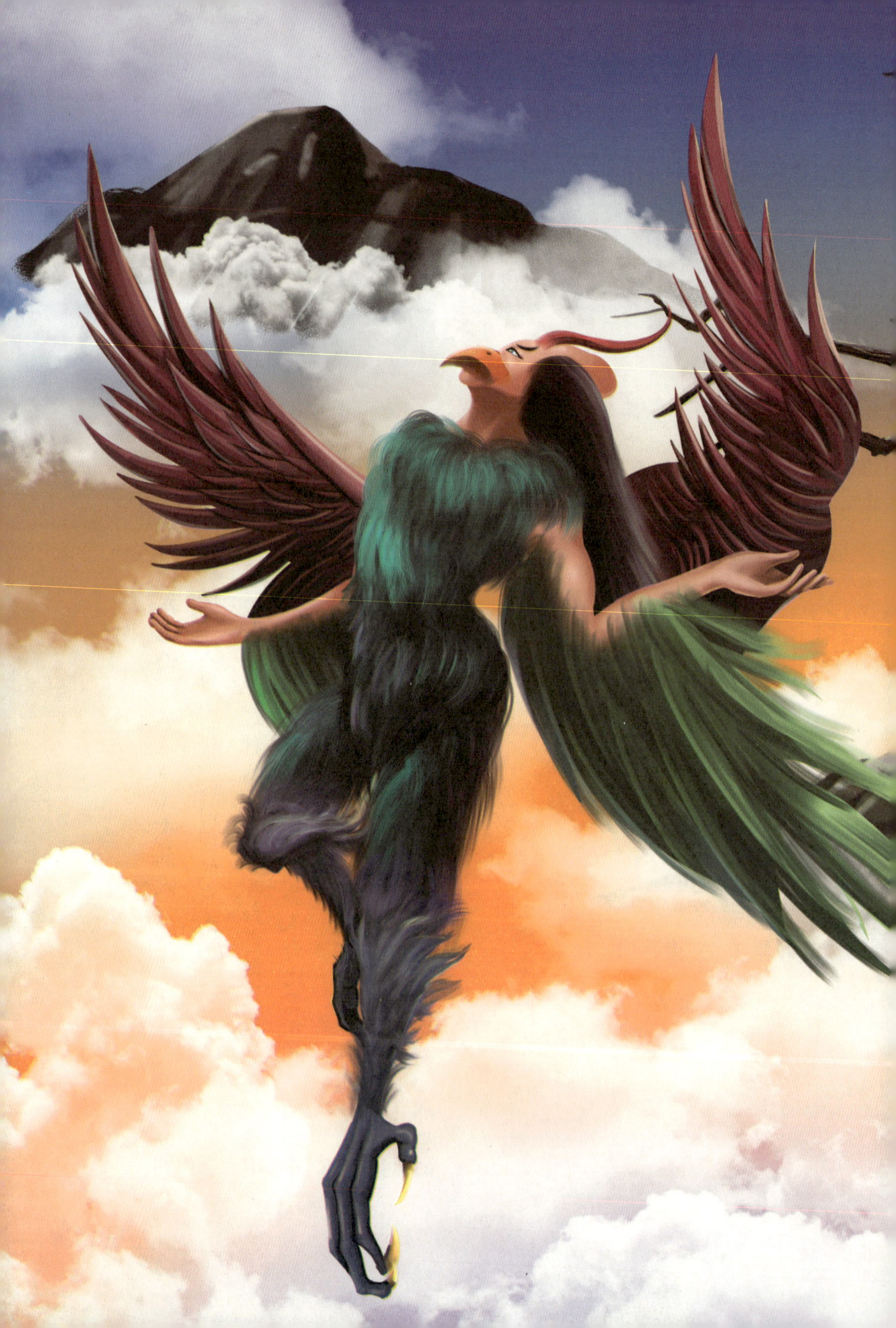

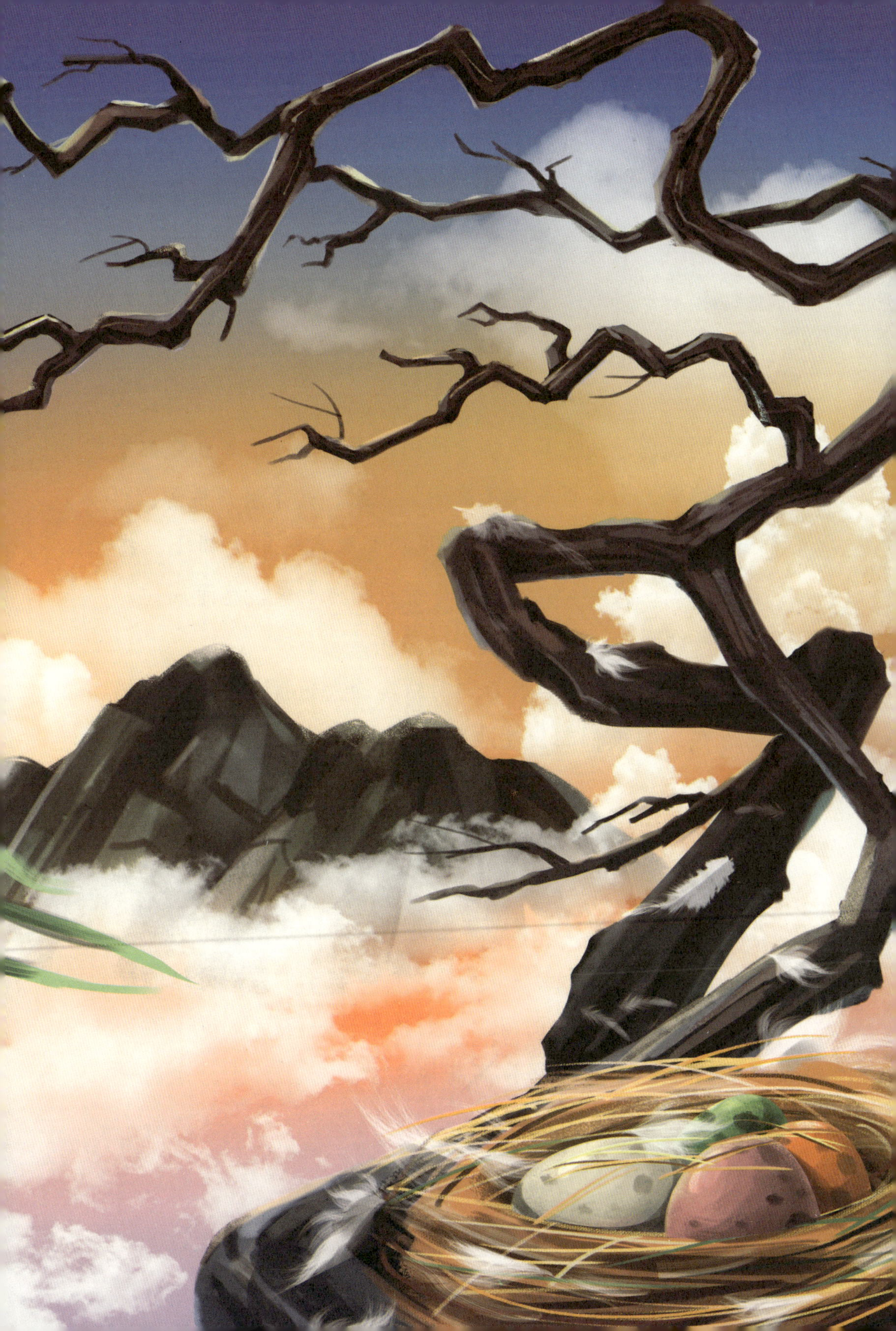

注释

① 号：称作。

长着翅膀的羽民

羽民国地处比翼鸟栖息地的东南方向。这里到处都是悬崖峭壁，山谷里长满了高大的树木，是个世外桃源。

羽民国人世代居住在这里。高耸入云的大树上，搭着一个个巨大的窝。这些窝是用羽毛和干草搭建而成的，结实而温暖。这就是羽民们的屋子。

羽民们的背上都长着一对结实的大翅膀，和鸟儿的一模一样。羽民们的出生也和人类不同，他们是从蛋里孵出来的。

羽民国的孩子刚出生的时候，浑身是粉色的，背上的小翅膀上只有稀疏的几根毛，看起来就像是刚孵出来的小鸡崽。几个月后，孩子背上的翅膀才能逐渐长出羽毛。

羽民也不是一出生就会飞行的，孩子们要在父母的带领下，慢慢地练习飞翔。他们虽然能够飞行，却飞不了很远，不能像鸟儿那样高高地飞上天空。为此，他们一生都在努力练习飞翔的本领呢！

海外南经

讙头国

毕方鸟在其东,青水西,其为鸟一脚。一曰在二八神东。

讙(huān)头① 国在其南,其为人人面有翼,鸟喙(huì)②,方捕鱼。一曰在毕方东。或曰讙朱国。

译文

毕方鸟在它的东面,在青水的西面,这种鸟长着一副人的面孔,只有一只脚。另一种说法认为毕方鸟在二八神的东面。

讙头国在它的南面,那里的人长着人的面孔,有两只翅膀,还长着鸟嘴,正在捕鱼。另一种说法认为讙头国在毕方鸟的东面。还有说法认为讙头国就是讙朱国。

注释

①讙头:又叫骧头、丹朱等。可能是尧帝的长子丹朱一系,被放逐于南方。

②喙:鸟兽的嘴。

丹朱的谋划

传说中尧有十个儿子，丹朱是十个儿子中年纪最大的，却是最不成器的一个。

尧知道丹朱没有能力担任国君，就决定将国君的位子禅让给舜。他担心丹朱不服气，就下令将丹朱放逐到南方的丹水去做诸侯。

中原有一个叫三苗的部族，其首领和丹朱的关系非常好。他十分反对尧的决定，率先起来反对。尧派遣军队去攻打三苗，擒获了三苗的首领。剩余的三苗部众只好携儿带女，随丹朱一道迁徙到南方去，在丹水附近定居下来。

三苗部众在南方定居了一段时间，休养生息，势力又逐渐强大起来。在丹朱的率领下，他们计划推翻尧的统治，一起平分天下。

尧亲自统领大军前去南方平乱。丹朱和三苗联盟急忙整顿军队，两方在丹水之上展开了一场激战。

丹朱亲自统率水军和尧的军队作战。丹水里有一种丹鱼，每到夏至的前十天就会游到岸边来，人割取它们的血涂在脚上，就可以在水上行走，如履平地。丹朱的水军人人都有这种本领，因此把尧的军队打得节节败退。

虽然三苗部众统领的陆军勇猛无比，但却智谋不足。有勇有谋的尧在当地人民的帮助下，利用智谋击败了三苗的陆军，又击败了丹朱的水军。

丹朱的谋划，再度失败了。

丹朱带着剩余部众落荒而逃，一路逃到了南海。他觉得自己无颜再活下去，就跳进大海中淹死了。丹朱死后，灵魂变成了一只鸟，这只鸟长得像猫头鹰，脚爪却像人的手，被称为朱。

丹朱的子孙生活在南海的附近，成立了一个国家，就叫谨头国。这里的国民长着人的脸，鸟的嘴，背上长着翅膀，却无法飞翔，只能用翅膀当作拐杖，扶着走路。

写给孩子的手绘山海经

海外南经

贯匈国

贯匈（xiōng）①国在其东，其为人匈有窍②。一曰在载（zhì）国东。

译文

贯匈国在三毛国的东边，那里的人胸膛上都有个洞。另一种说法认为贯匈国在载国的东面。

异人篇

注释

①贯匈：即贯胸，又称"穿胸"。

②窍：窟窿，孔洞。

胸口有洞的贯匈国人

贯匈国的人外表和普通人没有什么区别，只是每个人的胸口都有一个杯口一样大的洞。

为什么贯匈国人的胸口会有洞呢？据说大禹治水时，召集诸神在会稽山开会，一起商议治水良策。诸神都按时到达，只有防风氏不知为何迟到，被愤怒的大禹处死了。防风氏的两个后裔，为了给祖先报仇，就在大禹出行的路上伏击他。

眼看着大禹的车辇越来越近，两人拉开巨弓，准备射死他。就在此时，忽然狂风大作，大雨倾盆，两条神龙驾着大禹的车辇飞上九霄。两人知道自己的行动失败了，便拔出尖刀刺进自己胸口，慨然赴死。大禹感念两位壮士的忠诚，派神女取来不死草塞入他们胸口的洞里，两人虽活了过来，胸前的洞却一直保留了下来。

后来，两位壮士的后代胸口也有这样的洞，因此他们的国家被称为贯匈国。

海外南经

不死国

不死民在其东，其为人黑色，寿，不死。一曰在穿匈①国东。

译文

不死民在交胫国的东面，那里的人都是黑皮肤，个个长寿，人人不死。另一种说法认为不死民在穿胸国的东面。

注释

① 穿匈：即穿胸国。匈，同"胸"。

长生不老的不死国民

古时候，很多帝王都渴望自己能长生不老，为此做出了许多努力：修仙问道，不吃五谷杂粮，派使者去

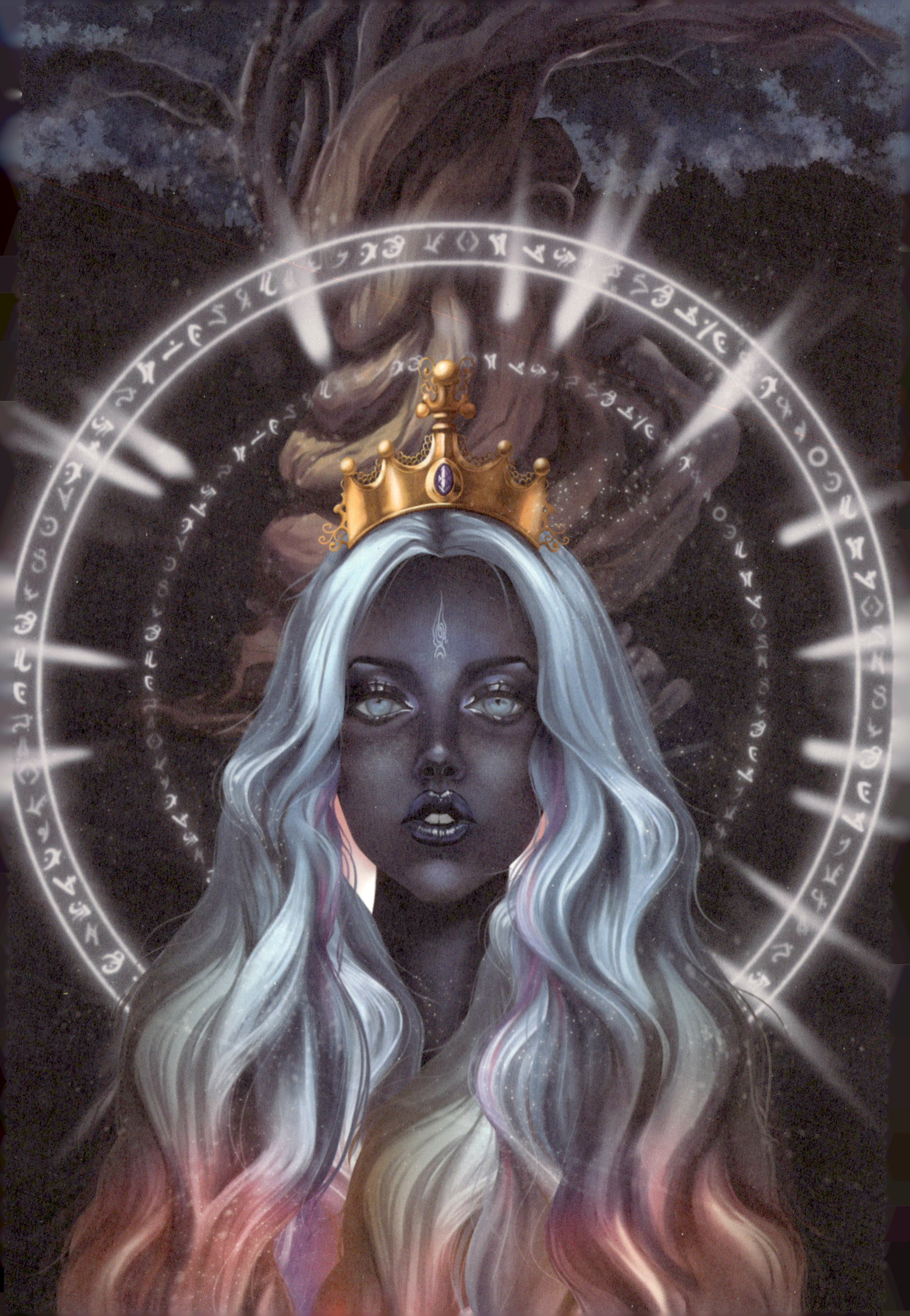

海外求取长生不老药。

秦始皇就曾经派出徐福,带领五百对童男童女东渡,去海外仙山求取长生不老药,可惜秦始皇却没能等到。据说徐福把带去的五百对童男童女留在了东边的海岛上,让他们在那里繁衍生息,后来成为日本人的祖先。

其实在遥远的东边,就有这么一个国家,那里的人民轻而易举就实现了千百年来帝王们的梦想。这个国家就是不死国。

不死国的人姓阿,他们个个皮肤黝黑,虽然长得不好看,却有着得天独厚的优势——不会老,也不会死。

不死国的人长生不死的秘诀是什么呢?

传说不死国附近有一座山,叫作圆丘山,山上长有一种不死树,名为甘木。这种不死树结出的果实十分神奇,人吃一颗,就能够容光焕发,吃两颗,就能恢复健康。如果能长期食用甘木的果实,人就能永葆青春,长生不死。

当年秦始皇派徐福东渡求取长生不老药,不知道他所寻找的,是不是远在东边的不死国?

海外南经

周饶国

周饶国在其东，其为人短小，冠带①。一曰焦侥（yáo）国②在三首东。

译文

周饶国在三首国的东面，那里的人身材矮小，人人都戴着冠帽、系着衣带。另一种说法认为焦侥国在三首国的东面。

注释

① 冠带：这里都作动词用，即戴上冠帽，系上衣带。

② 焦侥国：传说此国的人只有三尺高。而"焦侥""周饶"都是"侏儒"之转声。侏儒是指身材异常矮小的人。

小人国

周饶国的人民长得十分矮小，个头就像兔子那般，因此也被称为小人国。

一些大型海鸟将小人们视为食物，每当它们扑扇着翅膀飞来时，小人们就会尖叫着四散逃跑。

周饶国的人平时住在山洞里，喜欢做手工活。他们虽然长得矮小，却十分心灵手巧。他们会用树枝编织小筐、小船，编织布帛和衣服，还会用石头制作小石凳、小石碗，甚至能制作金银铁器。

小人们在耕种时穿粗布衣服，不干活时则穿戴十分讲究，他们戴着帽子，系着腰带，看起来十分精神。

住在周饶国旁边的秦国人很喜欢这些心灵手巧的小人，在得知他们遭遇海鸟的威胁后，便想出了一个好办法。

秦国人赶制出了两千个像小人们那么大的小石头人，趁着天黑，把小石头人悄悄搬到周饶国。

天亮后，海鸟们又飞到周饶国上空。看见地上的小石头人后，海鸟们都高兴地俯冲下来，一口将小人们吞了下去。没想到这些小人都是石头做的，海鸟们大都被噎死了。没死的海鸟也吓得连忙飞走，再也不敢来了。

周饶国的小人们从此过上了安定快乐的生活。

写给孩子的手绘山海经

海外南经

长臂国

长臂国在其东，捕鱼水中，两手各操①一鱼。一曰在焦侥（yáo）东，捕鱼海中。

译文

长臂国在周饶国的东面，那里的人在水中捕鱼，两只手各抓着一条鱼。另一种说法认为长臂国在焦侥国的东面，那里的人是在大海中捕鱼的。

注释

①操：拿着。

一锅鱼汤的故事

在遥远的海上，生活着一群长臂人。他们的胳膊特别长，双手自然垂下，能一直摸到自己的脚后跟。长臂人最擅长捕鱼，一天能抓到几百条鱼。

有一天，从邻国来了几个商人。他们在海边看见长臂

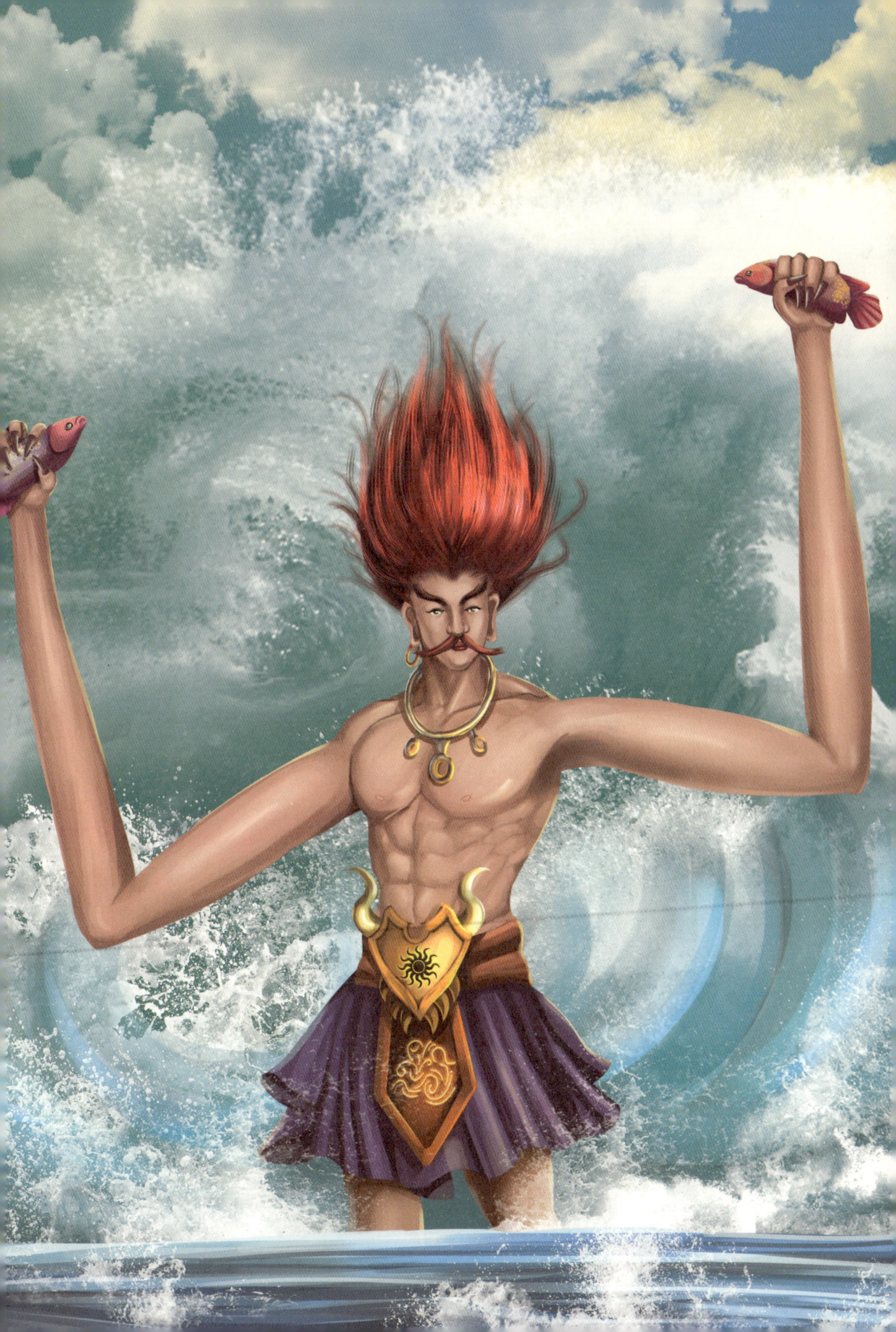

人捕了那么多新鲜的鱼，立刻拿出钱来购买。

一个长臂人看着银钱，说："这能吃吗？"

商人说："不能吃。这是银子，用来交换你的鱼。"

这个长臂人摇摇头："既然不能吃，我们要它做什么。你想换，就拿其他东西来。"

商人于是拿出布帛："这可以做衣服，穿在身上能抵御寒冷。"

又一长臂人说："海边这么热，我们常年泡在水里抓鱼，根本用不上。"

商人又一一拿出许多货物，长臂人都不需要。最后，几个长臂人送给商人们两条鱼，就笑着走开了。

商人们正好饿了，就拿出锅煮起了鱼汤。

几个长臂人闻到鱼汤的香味，惊奇地说："我们世代都吃鱼，却从来没闻到过这么香的味道。"

商人大方地邀请他们坐下来一起喝鱼汤。

可是长臂人的手臂太长了，没办法把勺子送到嘴边。他们举着香喷喷的鱼汤，却怎么也喝不着，这可把他们急坏了。这时，商人出主意道："你们把鱼汤互相喂给对方，不就好了吗？"

长臂人立刻照办，终于每个人都喝到了鲜美的鱼汤。

商人把锅和勺子送给了长臂人，从此长臂人也学会了熬煮鲜美的鱼汤。

海外西经

奇肱国

异人篇

三身国在夏后启北,一首而三身。

一臂国在其北,一臂、一目、一鼻孔。有黄马虎文①,一目而一手。

奇肱(gōng)②之国在其北。其人一臂三目,有阴有阳,乘文马。有鸟焉,两头,赤黄色,在其旁。

译文

三身国在夏后启领地的北面,这个国家的人都长着一个脑袋三个身子。

一臂国在三身国的北面,这个国家的人都是一条胳膊、一只眼睛、一个鼻孔。这个国家出产一种黄色的马,马身上有老虎一样的斑纹,长着一只眼睛和一只前脚。

奇肱国在一臂国的北面。那里的人长着一条胳膊和三只眼睛,眼睛分为阴阳,骑着有花纹的马。那里还有一种鸟,长着两个脑袋,红黄色的身子,栖息在人的身旁。

写给孩子的手绘山海经

注释

①虎文：虎身上的斑纹。

②奇肱：指仅有一臂。

心灵手巧的奇肱人

奇肱国在遥远的西方，这里的人都长着三只眼睛，却只有一条胳膊。不过虽然只有一条胳膊，但是这里的人却个个心灵手巧，最擅长制造器械。

传说大禹在凿通方山时，天空中忽然飞过一只大鸟。大禹抬头看去，那哪里是一只大鸟，而是一种酷似飞鸟的车子。

大禹一行人感到十分稀奇，便乘上巨龙追赶那辆车子。巨龙飞了许久，车子终于降落在一个繁华热闹的街市上。

只见这里到处是这种飞车,街上的人们只有一条胳膊,脸上却长着三只眼睛。一只眼睛长在上面,两只眼睛长在下面。

就在这时,有两个猎户从旁边走过,他们肩膀上扛着野兽,虽然只有一条胳膊,但是扛起猎物来却毫不费力。

大禹等人上前询问:"请问贵国何名?"

猎户道:"奇肱国。"

大禹道:"我们是从远方而来,看贵国飞车精妙,特来探访。"

猎户说:"这条街尽头有一间旧屋,里面有一个老人,你们去问他吧。"说完就离开了。

大禹等人依言往前走,果然找到了那间旧屋。屋子里有一位老人,也是一条胳膊,正在修理飞车。大禹向老人说明了来意,老人爽快地将他们领到一处广场中参观飞车。

大禹仔细观察,发现这飞车内外有无数精妙的齿轮,车里有控制升降和进退的机关,还有转方向的圆舵,并立着一根挂帆的长木。只见他们用手一拉,飞车的帆就被风涨满,飞车便快速上升,到七八丈高后则平稳地向前飞去。原来这飞车正是借着风力来驱动的。

老人自豪地说:"我们国家的人只有一条胳膊,行动不是很灵便,所以做事格外努力。白天用两只阳眼工作,到了晚上就用中间的阴眼继续工作,这才能取得成就啊。"

海外西经

女子国

女子国在巫咸北,两女子居,水周①之。一曰居一门中。

译文

女子国在巫咸国的北面,有两个女子居住在这里,有水环绕着四周。另一种说法认为她们住在一道门里面。

注释

①周:环绕。

异人篇

只有女子的国度

　　《西游记》里的女儿国广为人知，可女子国却鲜有人听闻了。传说，女子国位于海外西北方到西南方。这里四面环水，植物长得异常繁盛，莲花开得像小船一样大，桃子一年能结两次果。如果有暴风雨将路过的船只刮进女子国，也没有人能活着离开。

　　女子国里没有男人，只有女人。那人们怎么繁衍呢？

　　相信看过《西游记》的你一定知道，女儿国里有一眼神奇的泉水，喝下泉水就能怀孕生子。而在女子国则有一口更神奇的井，传说人们只要朝井里看一眼就能怀孕生孩子。如果生下的是男孩子，在三岁之前必定会夭折。如果生下的是女儿，则能健健康康长大。

　　所以，女子国只有女人，没有男子。

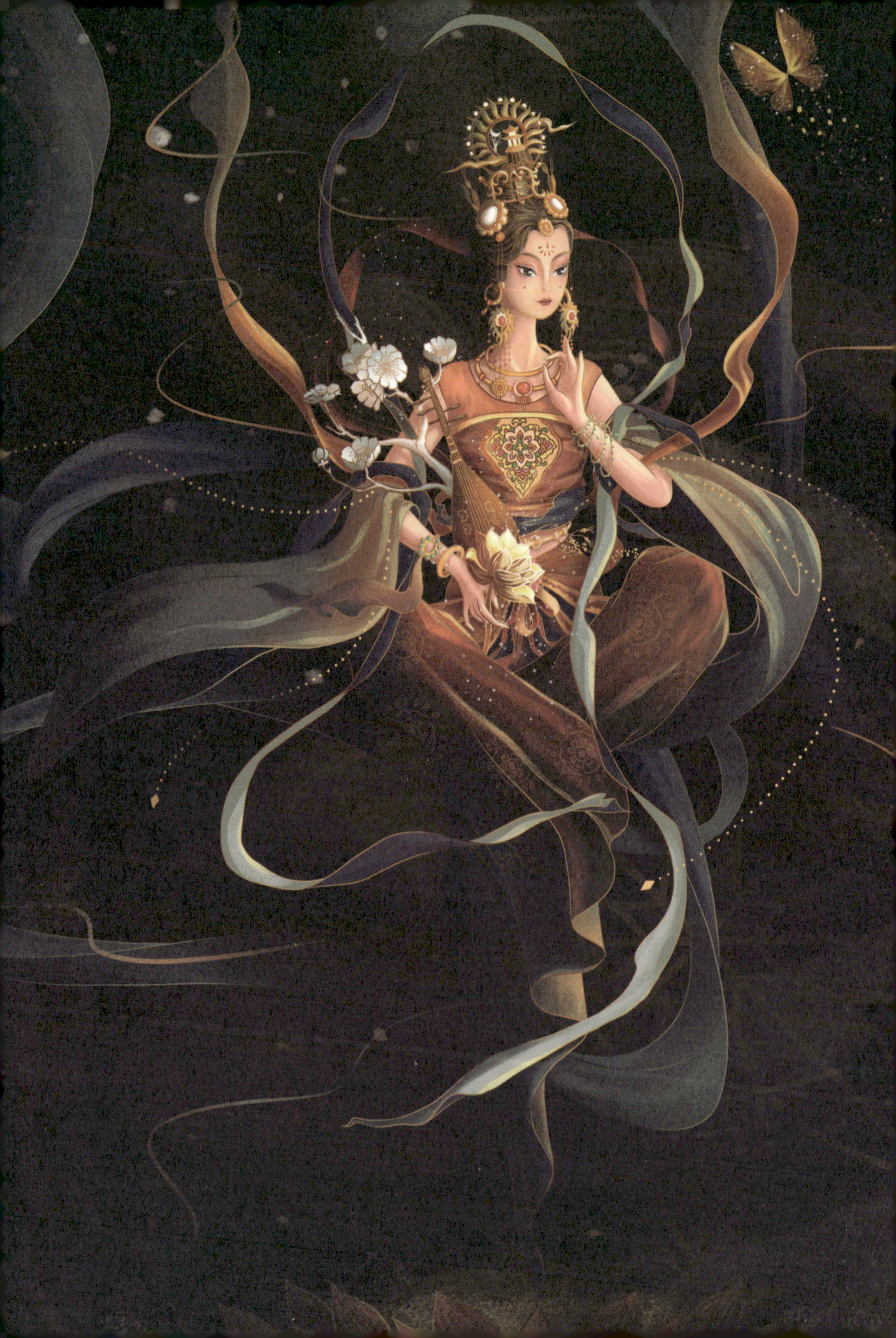

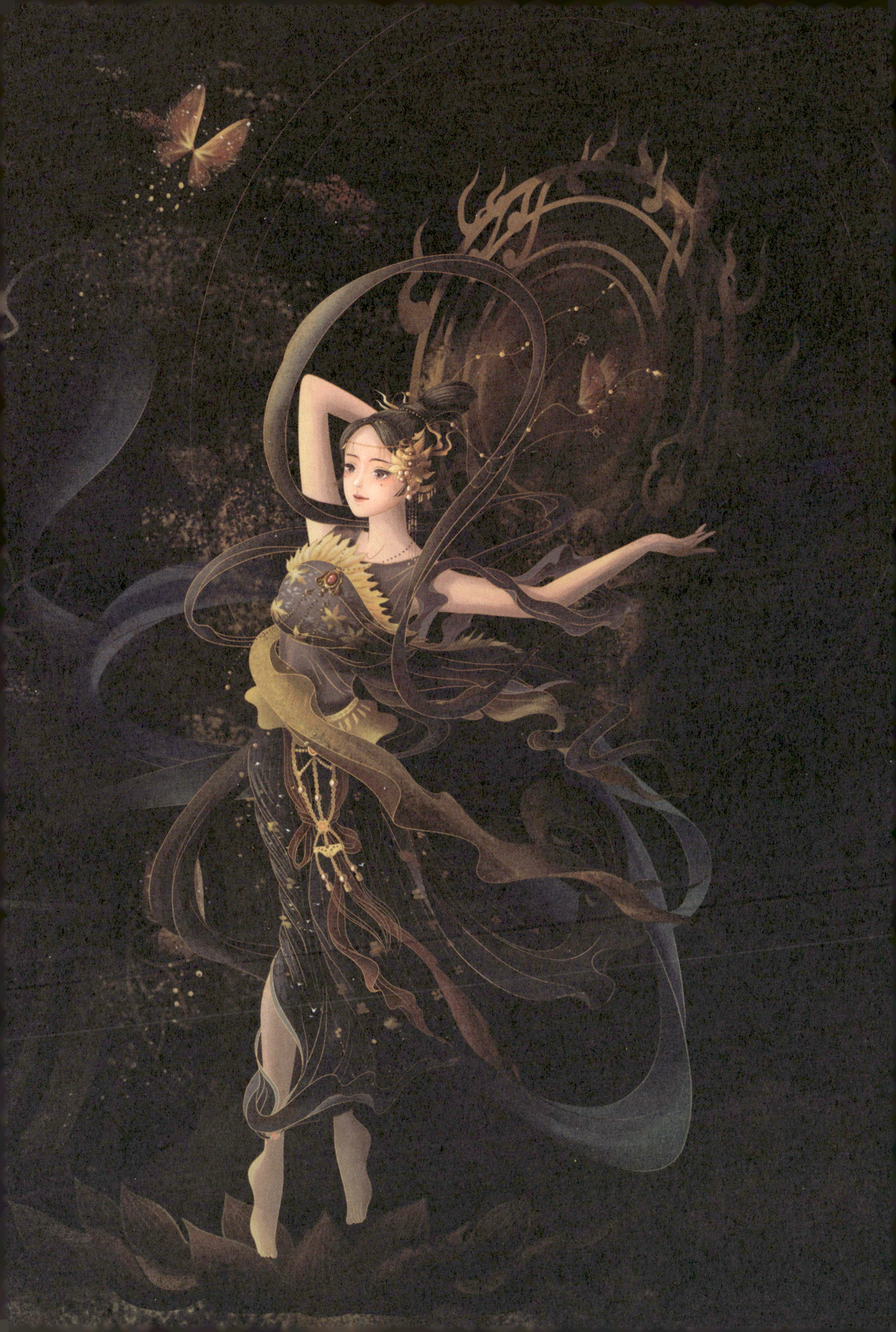

海外西经

白民国

白民之国在龙鱼①北，白身被发。有乘黄，其状如狐，其背上有角，乘之寿二千岁。

译文

白民国在龙鱼所在地的北面，那里的人都是白皮肤而披散着头发。这个国家有一种叫作乘黄的野兽，形状像一般的狐狸，脊背上有角，骑上它的人就能活两千岁。

注释

①龙鱼：神话传说中的奇异动物，即龙鲤。传说龙鱼是天神的坐骑，天神常常骑着它遨游九野，巡行九州。

骑一下就能活两千岁的神兽

在穷山和轩辕国北面的海里，居住着龙鱼。龙鱼长得像龙，却有着鱼的尾巴。它们能够载着人横渡海面。

白民国就位于龙鱼所在地的北面。

传说白民国人是黄帝帝鸿的后代,他们世代居住在山上和山谷里。白民国人的皮肤像雪一样白,而且人人都长得十分美丽。

外人猜想,也许这和白民吃的食物有关。

白民国人从不耕种,也不打猎。白民国境内盛产白色的玉石,还有一种神奇的树。白民摘下这种树的树叶捣烂,将汁水滴在玉石上,原本坚硬的玉石就会变得柔软无比,可以放入口中咀嚼食用。白民们世代都以这种玉石为食物,因此人人都有着一身雪白的肌肤,细腻剔透。

白民国人十分热情好客。如果有远方来的贵客,他们会特地在清晨收集晨露,用这种晨露和玉石屑搅拌在一起,称为"水玉",这可是只有贵客才能享受到的美食。据说,这水玉尝起来满口清凉,回甘无穷。吃下水玉,还能让人的肌肤变得细腻剔透,像白民国人一样美丽。

白民国里还有一种叫"乘黄"的神兽。传说乘黄长得像狐狸,脊背上长着整排的角,只要在乘黄的背上骑一下,就能活到两千岁。

许多人听说后,都纷纷来到白民国,到处翻山越岭地寻找乘黄。可是从来没有人成功过。其实乘黄只认白民国的人,只有白民国人才能成功地靠近乘黄。

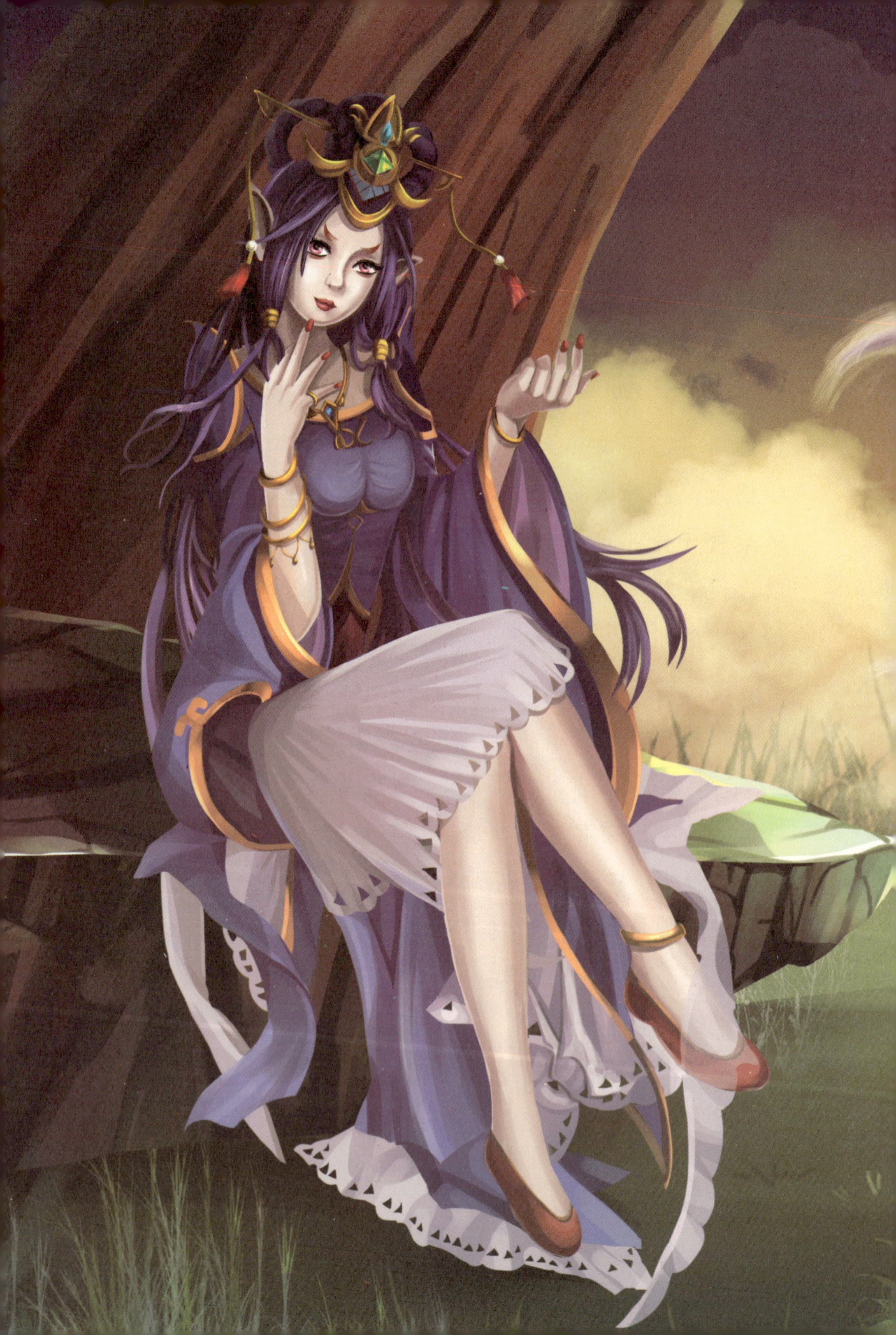

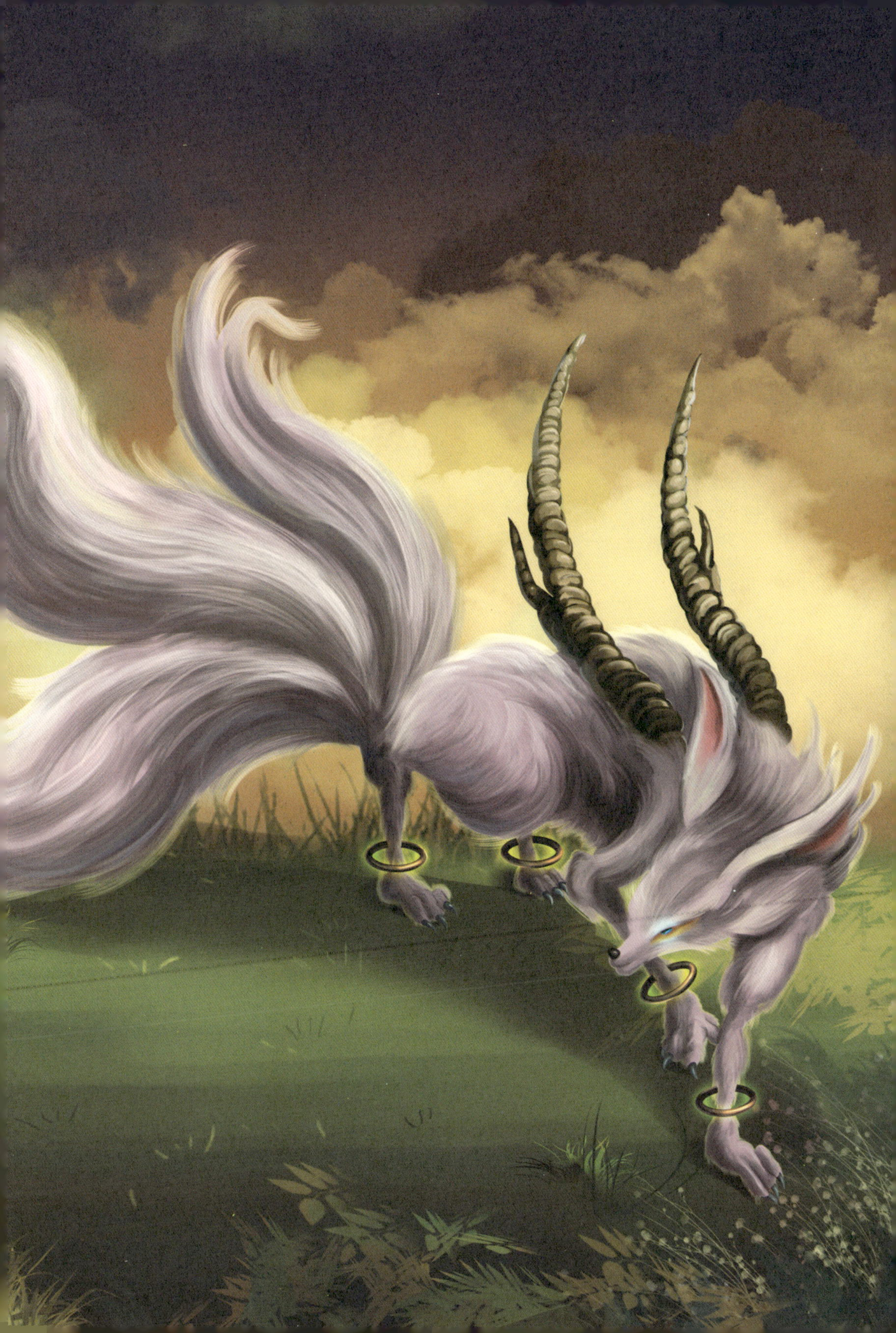

海外西经

长股国

长股①之国在雊棠②北，披发。一曰长脚。

译文

长股国位于雊棠树的北面，那里的人都披散着头发。另一种说法认为长股国叫长脚国。

注释

①股：大腿。
②雊棠：神话中的树名。

踩着高跷的长股国人

长股国的人都披散着头发，看起来和普通人一样，可他们的双腿奇长无比，就像踩着高跷那样。长股国的人最喜欢吃鱼，可他们腿太长，没办法弯下腰来抓鱼。

一天，有一个披散着长发、长着一双特别长的手的人来到这里，他正是住在长股国旁边的长臂人。他们天生双手很长，正适合捕鱼。只见他站在海边，就能把手伸进海水里抓鱼。可他不会游泳，深海的鱼他却抓不到。

长股国人和长臂国人互相看着对方，忽然灵机一动。于是，长股国人背着长臂国人站在海里捕鱼，他们不需要工具，一天就能抓到好多鱼。

从此，长股国人和长臂国人就聚居在一起，互相合作，再也不用为抓鱼而烦恼了！

后来有学者考究，长股国的人腿并不是真的很长，而是因为他们有踩着高木去捕鱼的习惯。在现代的沿海地区，还保留着踩高跷去海边撒网捕鱼的习俗。

还有一种说法认为，古时有些部落用鹤当作图腾，在祭祀的时候，就会踩着高跷来模仿鹤的舞蹈。后来的人看着图腾，并不知道那是高跷，就以为图里的人真的有那么长的腿了。

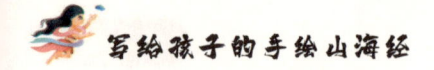

海外北经

无启国

无启（qǐ）①之国在长股东，为人无启。

译文

无启国在长股国的东面，那里的人不生育的子孙后代。

注释

①无启：无嗣。

没有后代的无启国人

无启国，也被称为无继国。

传说无启国的人住在靠近最北面的一个山洞里，他们饿了就挖泥土来吃，以致居住的洞穴越挖越宽广，一直挖到最深处坚硬的石头，再也挖不出泥土为止。他们有时也会走出洞穴，去海边捕捉小鱼小虾来吃。

无启国的人没有性别的区分，而且从不生育，没有

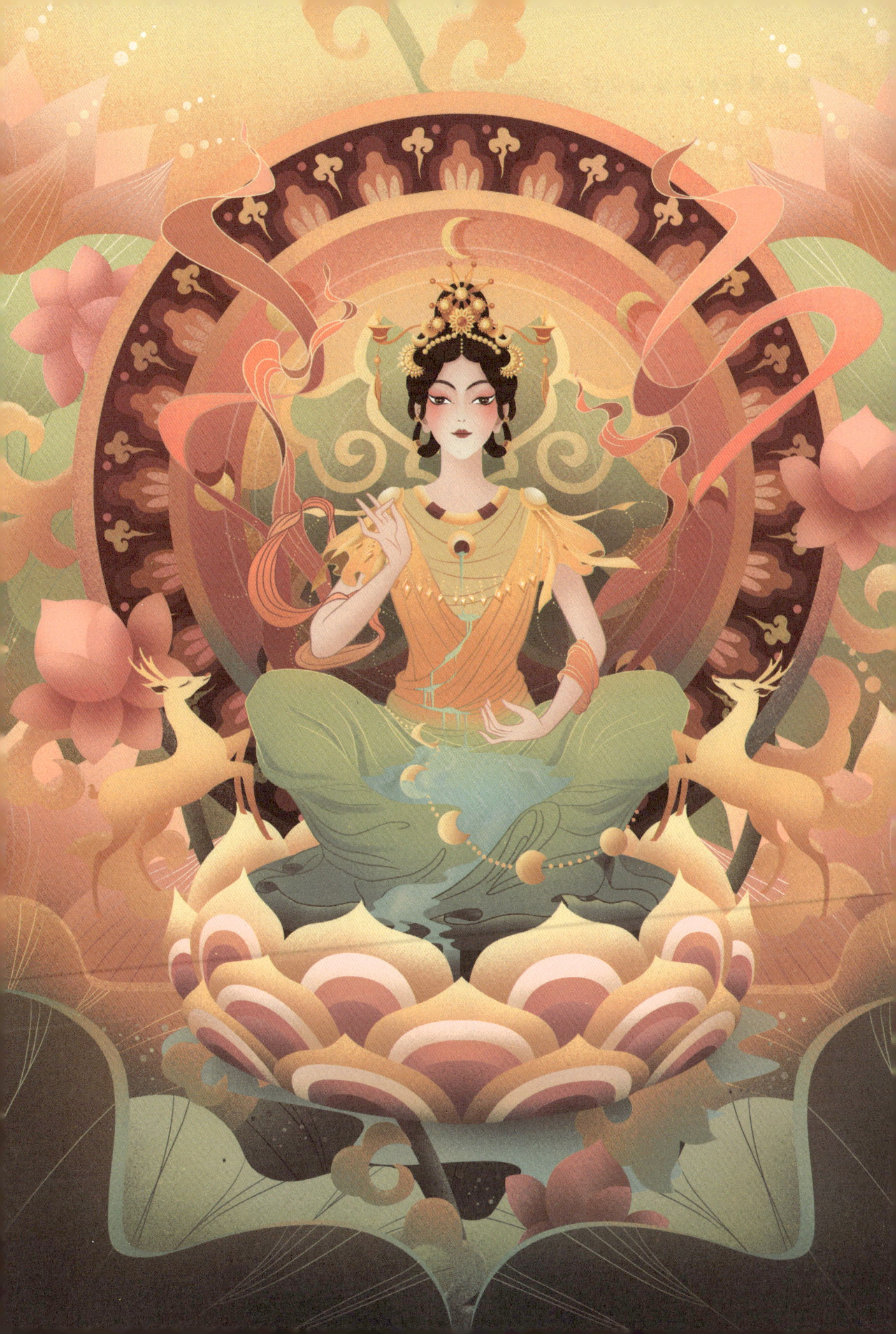

子嗣。那他们怎么繁衍后代呢？

不用担心，无启国的人死后就埋进泥土里，但他们的心脏不会腐朽，仍然保持着跳动。

经过一百二十年，无启国人又能长出身体，重新活过来。

所以无启国的人死而复生，人数总是不增不减。

无启国将人死去称为"睡觉"，活在世上时叫作"做梦"。他们的生活十分简单，每到黑夜来临时就回山洞里睡觉，等他们死后就埋在洞里，等待下一次的复活。

传说，在埋葬无启国人的泥土上，会开出一朵鲜红的花。有人知道无启国人的长生秘密后，认为吃了无启国人的心脏，就也能够获得长生不死的能力。

因此，这些想要寻求长生不老的人，就以红花为标记，专门跑到无启国人埋葬的地方，挖走无启国人的心脏。可是吃掉无启国人心脏的人，也没有能够长生。

> 异人篇

海外北经

一目国

一目国在其东,一目中其面而居。

译文 一目国在无启国的东面,那里的人只有一只眼睛,长在脸的中间。

独眼与双眼

从前,有一个懒汉,他从不劳动,每天无所事事。

有一天,邻居老汉看不下去了,对他说:"拿起锄头去锄地吧!拿上种子去播种吧!你这样躺着,难道粮食会凭空长出来吗?"

懒汉回答道:"我没有闲着。我每天都在向老天爷祈祷,让我寻找到发财的途径。"

有一天,打鱼归来的渔民们在附近闲聊,说起附近岛上的居民都是独眼。

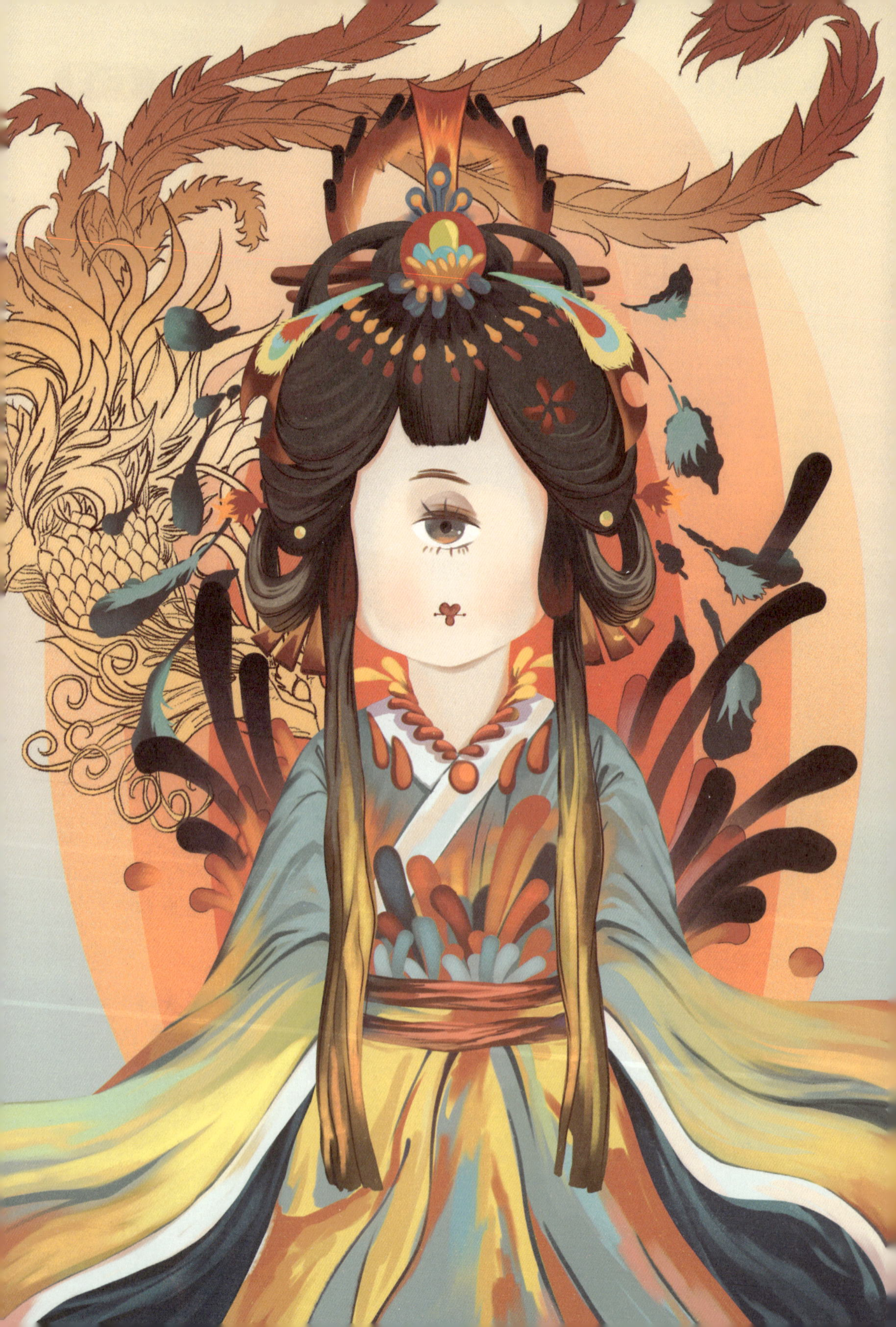

懒汉听了，高兴得一跃而起："我发财的机会来了！老天爷一定是听见了我的祷告，才将独眼人送给我！"

老汉惊奇地问："你要独眼人做什么？"

懒汉道："独眼人太稀奇了，我把独眼人关在笼子里，供人参观，到时候岂不是财源滚滚了吗？"

懒汉说罢，兴冲冲地划船出发了。他在海上吃尽苦头，终于找到了那个岛屿。他一上岛，就看见了一个独眼人。

懒汉心中大喜，他走上前搭讪，邀请独眼人跟自己上船，到外面的世界看看。

独眼人看了看懒汉，笑道："我正好也想出去长长见识。我家里还有妻子儿女，我想把他们一起带上。可我担心他们不愿意，你跟我一起回去劝说他们吧。"

懒汉听了心中大喜，便和独眼人一起回了家，刚进门，就被一群独眼人围住了。他们惊奇地喊道："两只眼睛的人！真是稀奇！"

跟在后头的独眼人高兴地喊道："快把他捆住，我们发财的机会来了！"

懒汉来不及逃跑，就被独眼人捆了起来。他被关在笼子里，附近的独眼人纷纷赶来围观，抓住懒汉的独眼人因此发了财。

海外北经

柔利国

柔利国在一目东，为人一手一足，反膝①，曲足居上②。一云留利之国，人足反折③。

译文

柔利国在一目国的东面，那里的人只有一只手一只脚，膝盖反长着，脚弯曲，脚心朝上。另一种说法认为柔利国叫作留利国，国中人的脚是反折着的。

注释

① 反膝：膝盖反着长。
② 曲足居上：脚弯曲，脚心朝上。
③ 反折：向反方向弯折。

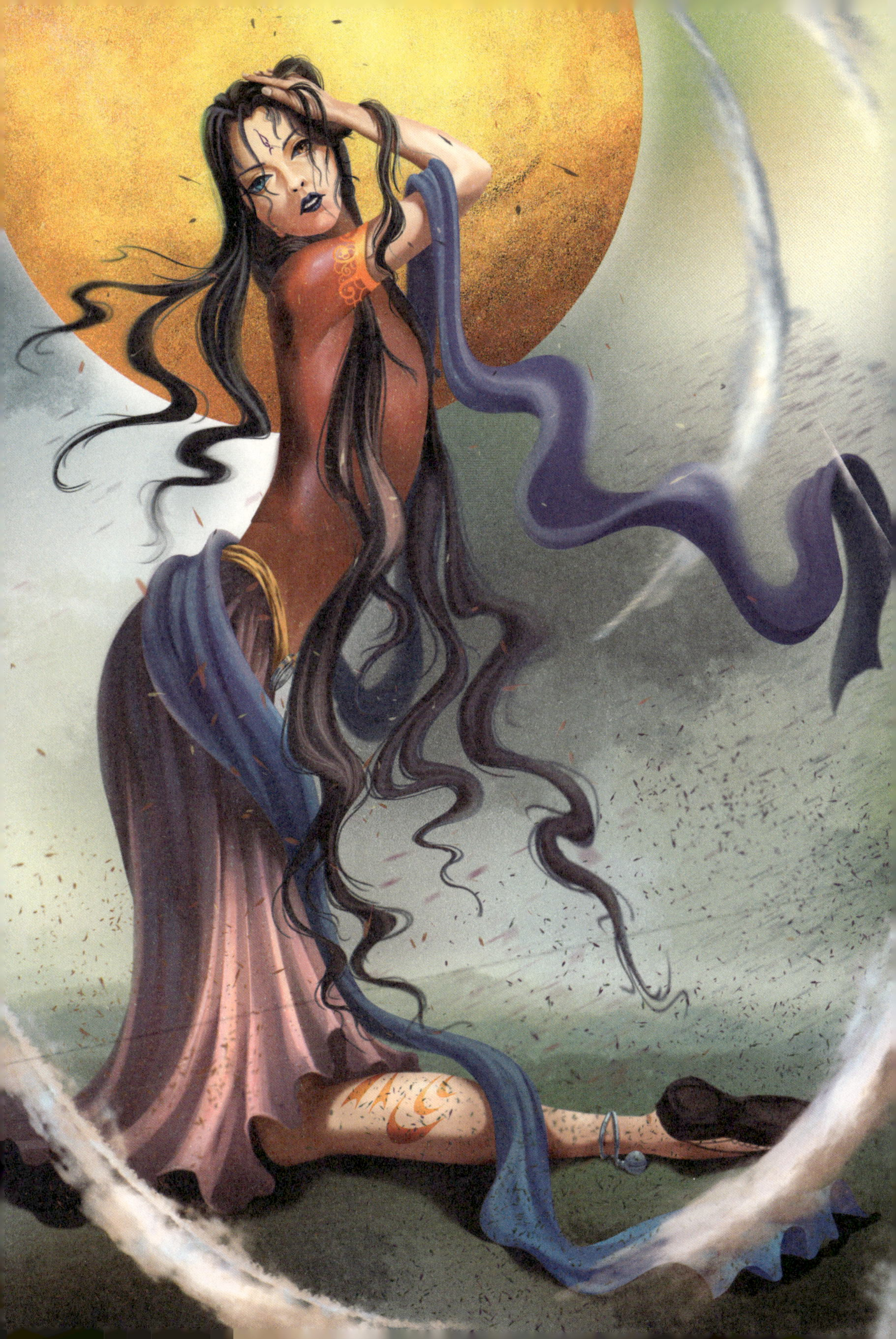

没有骨头的人

在一目国的东边,有一片幽暗的森林。这里长满了参天大树,有许多沼泽和溪流。由于常年阴暗潮湿,即使在炎热的夏天,这里也十分清凉。这里有个国家,叫柔利国。

柔利国的人十分特别,他们只有一只手和一只脚,膝盖是反着长的,因此脚弯曲向上。他们长着人的身体,全身上下却没有一根骨头,就像蜗牛和蛇那样柔软。他们的皮肤很脆弱,如果被强烈的日光暴晒,不一会儿就会浑身干硬而死。所以,柔利国人住在这种暗无天日的地方,也是为了保护自己。

柔利国人不仅皮肤脆弱,而且行动十分迟缓。一旦有什么危险,他们只能躲进河道或沼泽里。即便如此,他们也常常跑不过敌人。没有抵抗能力的柔利国人是许多猛禽野兽眼中的猎物,可柔利国人也有保命的绝招儿,即当野兽靠近时,柔利国人的皮肤里会忽然喷射出一股毒液,溅到野兽的眼睛上,不一会儿工夫,野兽就会倒在地上死去。

海外北经

夸父国

夸父国在聂(shè)耳东,其为人大,右手操青蛇,左手操黄蛇。邓林①在其东,二树木。一曰博父。

译文

夸父国在聂耳国的东面,那里的人身材高大,右手握着青色的蛇,左手握着黄色的蛇。邓林在它的东面,其实树林只由两棵非常大的树木组成。另一种说法认为夸父国叫博父国。

注释

①邓林:神话传说中的桃树林,夸父的化身。《山海经·海外北经》中写道:"夸父与日逐走,入日,渴,欲得饮。饮于河渭,河渭不足,北饮大泽。未至,道渴而死。弃其杖,化为邓林。"

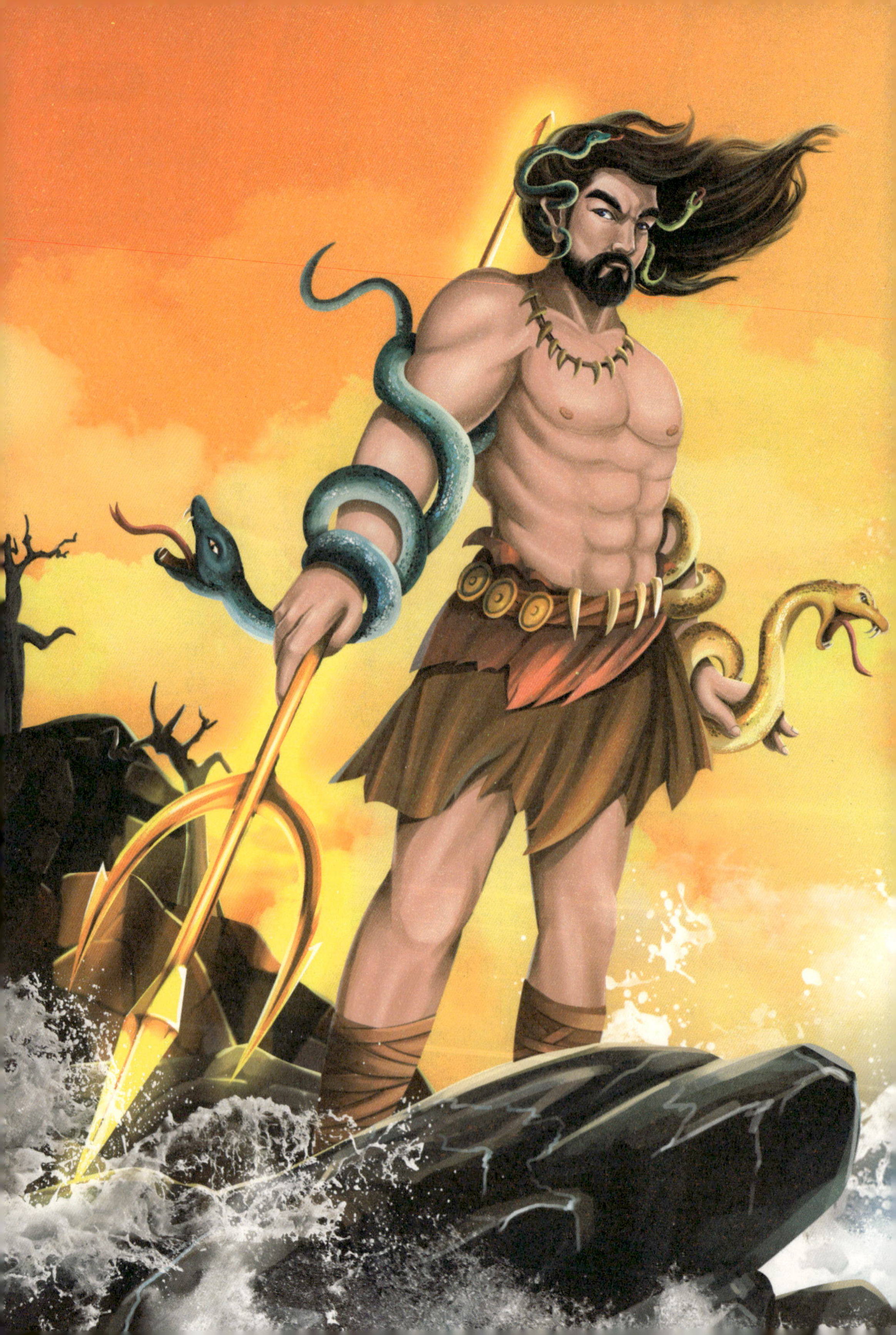

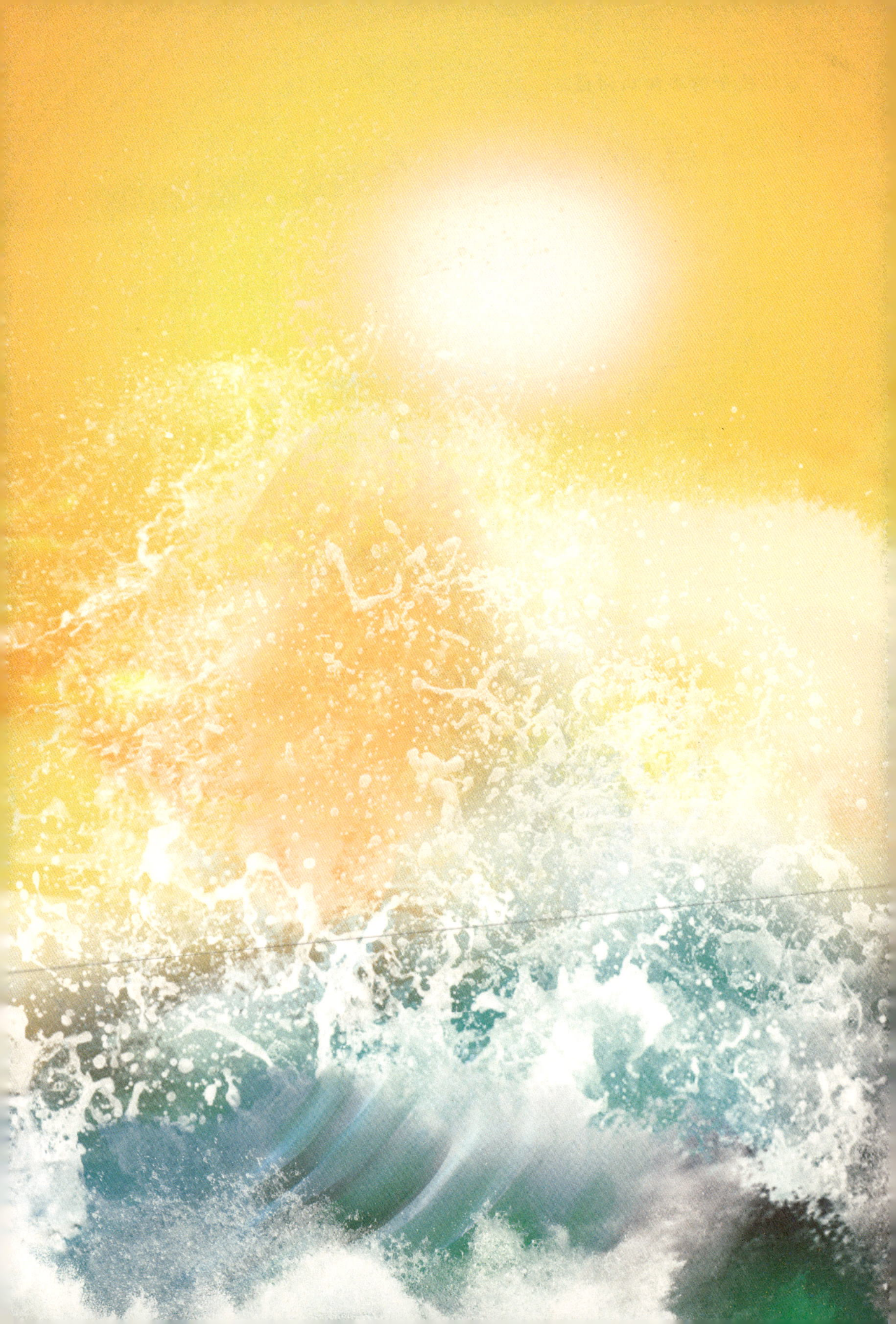

勇猛的夸父族人

在上古时期的北方大荒里，生活着一群巨人，他们被称为夸父族。据说他们个个身形魁梧高大，而且力大无穷，善于奔跑。

有一年，天空中忽然又冒出了九个太阳，火辣辣的没日没夜地炙烤着大地，山川河流干枯了，人们也快活不下去了。此时，夸父族的一个年轻人站了出来，说："我们去把多余的太阳抓住吧！"族里的年轻人纷纷响应。

可是那九个太阳每天在天空中不断穿梭着，夸父族的巨人看得眼花缭乱，很难抓到它们。

这时，第一个站出来的年轻人又说话了："我们这样做是抓不住太阳的。我们应该相互配合，围攻太阳。"

有了计划后，年轻人们开始互相配合，将九个太阳逐一射落，分别扔在东、南、西、北、中、东南、西南、东北、西北这九个方位。落下的太阳分别变成了泰山、衡山、华山、恒山、嵩山、阿尔泰山、玉龙雪山、医巫闾山和玉珠峰。

这样，天空中只剩下了原来的那个太阳，人间又恢复了安定。

蚩尤被黄帝打败后，便来到夸父国求助。夸父族人向来乐于助人，喜欢帮助弱者，便决定出兵帮助蚩尤。但黄帝在九天玄女的帮助下打败了蚩尤，夸父族自然也一同战败了。战败后的夸父族从此就消失了。

海外东经

大人国

大人国在其北，为人大，坐而削船①。

译文

大人国在嗟(jiē)丘的北面，那里的人身材高大，坐在船上撑船。

注释

①削船：撑船。

神秘的大人国人

大人国位于大荒之海外，这里的人体形巨大，他们站起来就像一座山，躺下去就像一艘大船。传说他们是龙的后裔，天生就能够腾云驾雾，可惜因为身体太过沉重，已经无法飞行了。大人国的人常常在海里逛集市，他们在水里行走自如，就像普通人走在路上一样。

这些巨人买东西时，就把手放在水里互相握着，掐来掐去，用这种暗号来讨价还价。远远看去一个个巨人站在水中，就像水里冒出来的一座座山峰。

这种奇妙的集市，被称为"大人之堂"。

大人国的人以大米和小米作为主食。他们身体庞大，种植的稻米植株也非常巨大，成熟的稻米足足能长到十几米高，就像大树一样。收庄稼的时候，他们把稻米一颗颗摘下来，放在车子上拉回粮仓。

据说大人国的稻米一颗就像普通的西瓜那么大。曾经有航海的商人经过大人国，用大唐的美酒和丝绸向他们交换稻米，带回东土，围观者都啧啧称奇。一颗稻米煮熟后，能让十几个人吃饱饭。

大人国的人需要孕育三十六年才能诞生，寿命也很长，都能活到一万八千岁左右。

海外东经

青丘国

青丘国在其北，其人食五谷，衣丝帛。其狐四足九尾。一曰在朝阳北。

译文 青丘国在朝阴谷的北面，那里的人吃五谷，穿丝帛。那里有一种狐狸，长着四只爪子九条尾巴。另一种说法认为青丘国在朝阳谷的北面。

九尾狐的传说

传说中青丘国位于泗水上源附近。

大禹曾经路过青丘国，发现这里四季如春，物产丰饶，住在这里的人们以五谷杂粮作为食物，纺织丝帛做衣服。人类和各种妖怪和谐地居住在一起，各自繁衍生息。

青丘国住着一种狐狸，长着四只脚，九条尾巴。

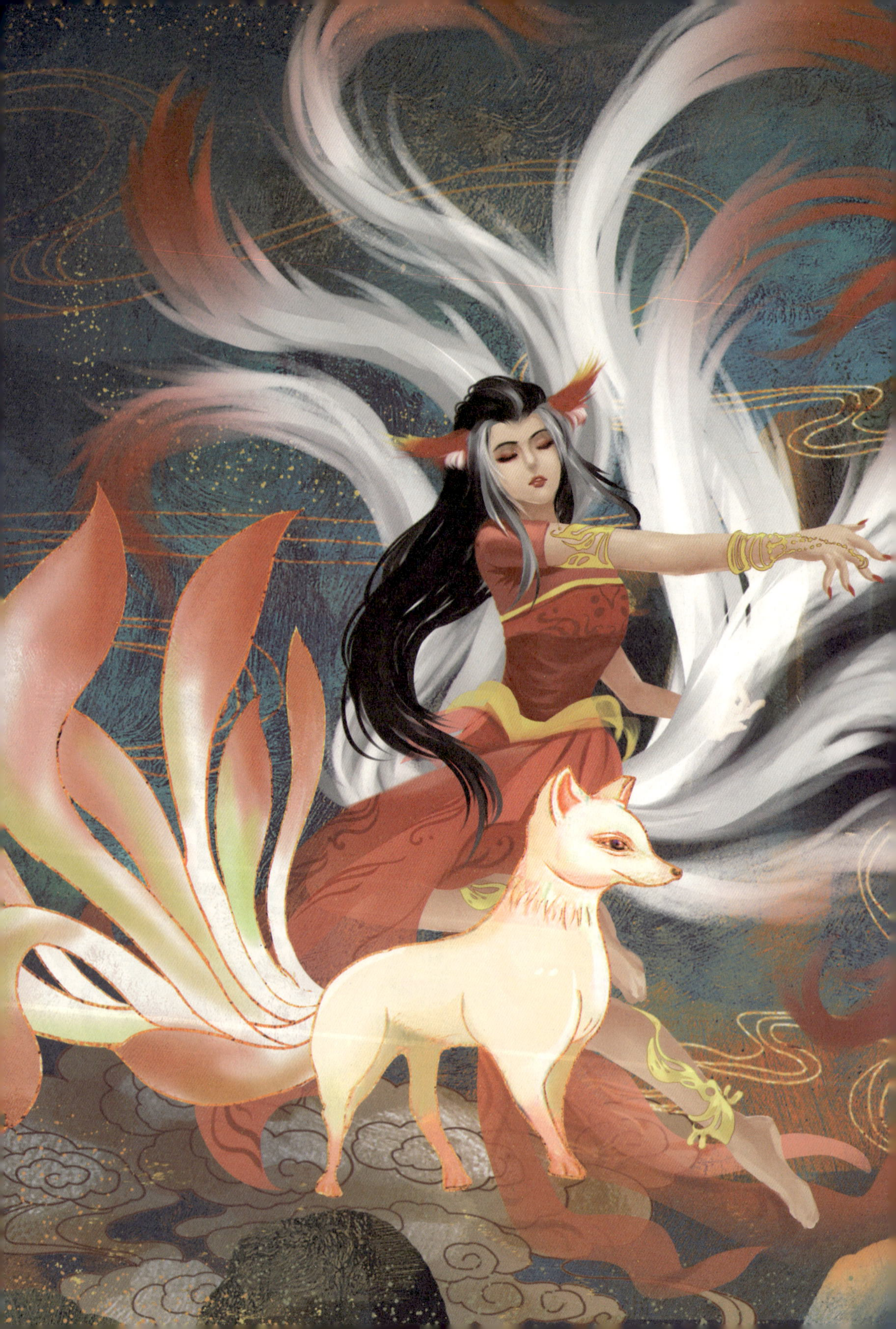

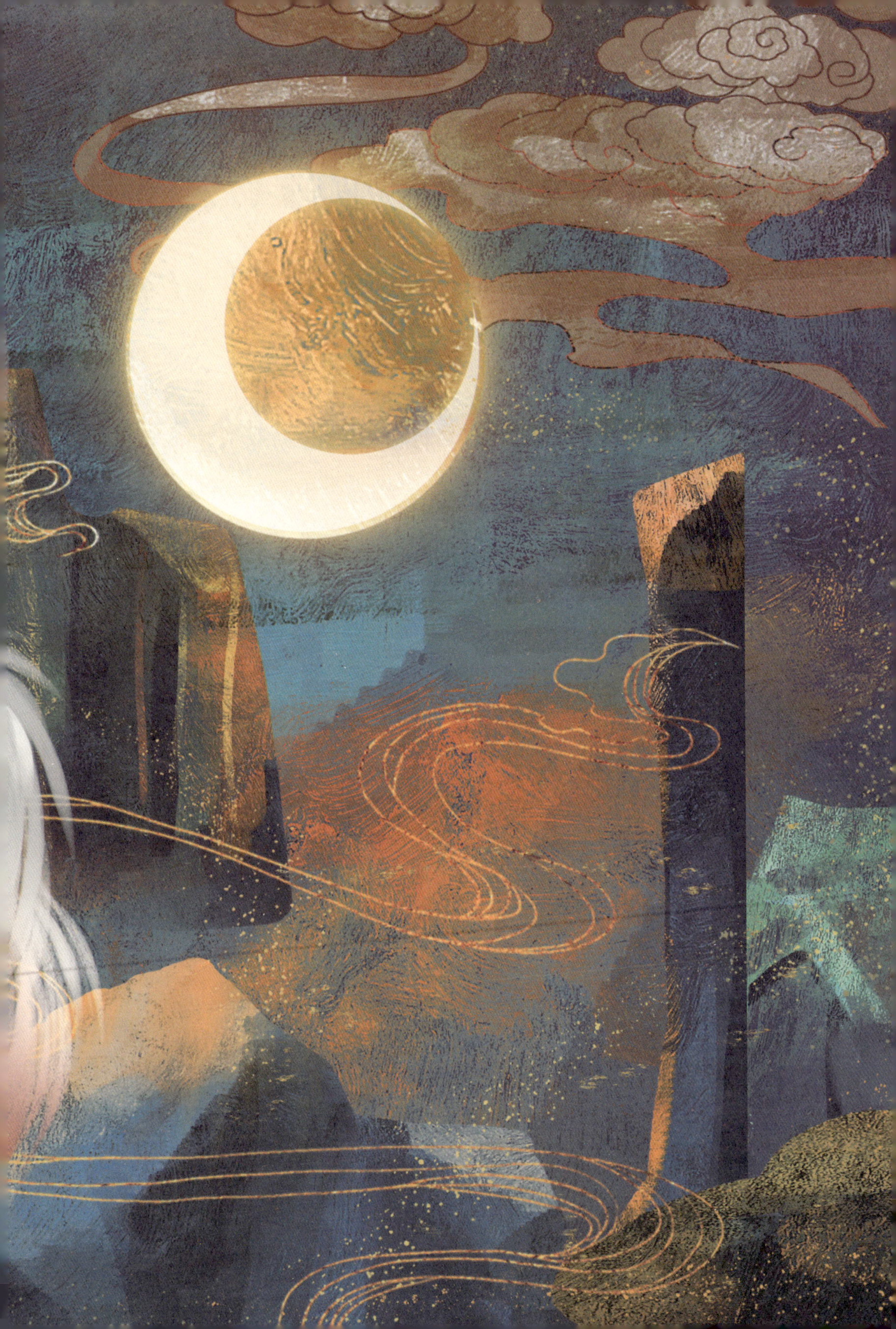

传说天下太平时，九尾狐就会出现在人间，被视为祥瑞之兆。九尾狐也是住在青丘的九黎族、东夷族的保护神。

古代有一句话："德至鸟兽，则狐九尾。"意思是，如果某人的德行极好，九尾狐就会出现。

传说周文王回到岐山之后，就着手准备讨伐残暴的殷商。可当时周文王的力量还不足以对抗殷商，这该怎么办呢？

就在这时，九尾狐出现在周文王的身边。周文王东边的诸侯小国一看，马上就归顺了他，并帮助他一起举旗伐纣。

在唐朝，人们也将九尾狐视为祥瑞之兆。

在唐朝初年，百姓还常常在家里祭祀狐狸，供奉牌位和食物。当时有一句谚语："无狐媚，不成村。"

可在《山海经》的记载中，九尾狐还有另一种面目："青丘之山，有兽焉，其状如狐而九尾，其音如婴儿，能食人；食者不蛊。"意思是：在青丘山有一种兽，长得像狐狸，有九条尾巴。叫声像婴儿啼哭，能吃人。吃了它的肉就能使人不中妖邪毒气。

海外东经

雨师妾国

雨师妾(qiè)在其①北。其为人黑，两手各操一蛇，左耳有青蛇，右耳有赤蛇。一曰在十日北，为人黑身人面，各操一龟。

译文

雨师妾国位于汤谷的北面。那里的人全身黑色，两只手各握着一条蛇，左边耳朵上挂有青色蛇，右边耳朵上挂有红色蛇。另一种说法认为，雨师妾国在十个太阳所在地的北面，那里的人长着黑色身子、人的面孔，两只手各握着一只灵龟。

注释

①其：这里指汤谷，也作"旸谷"，神话传说中太阳升起之处。与虞渊相对，虞渊指传说中日落之处。

根据史料记载，汤谷位于山东东部沿海地区，是上古时期羲和族人祭祀太阳神的地方，是东夷文明的摇篮，也是中国东方太阳文化的发源地。

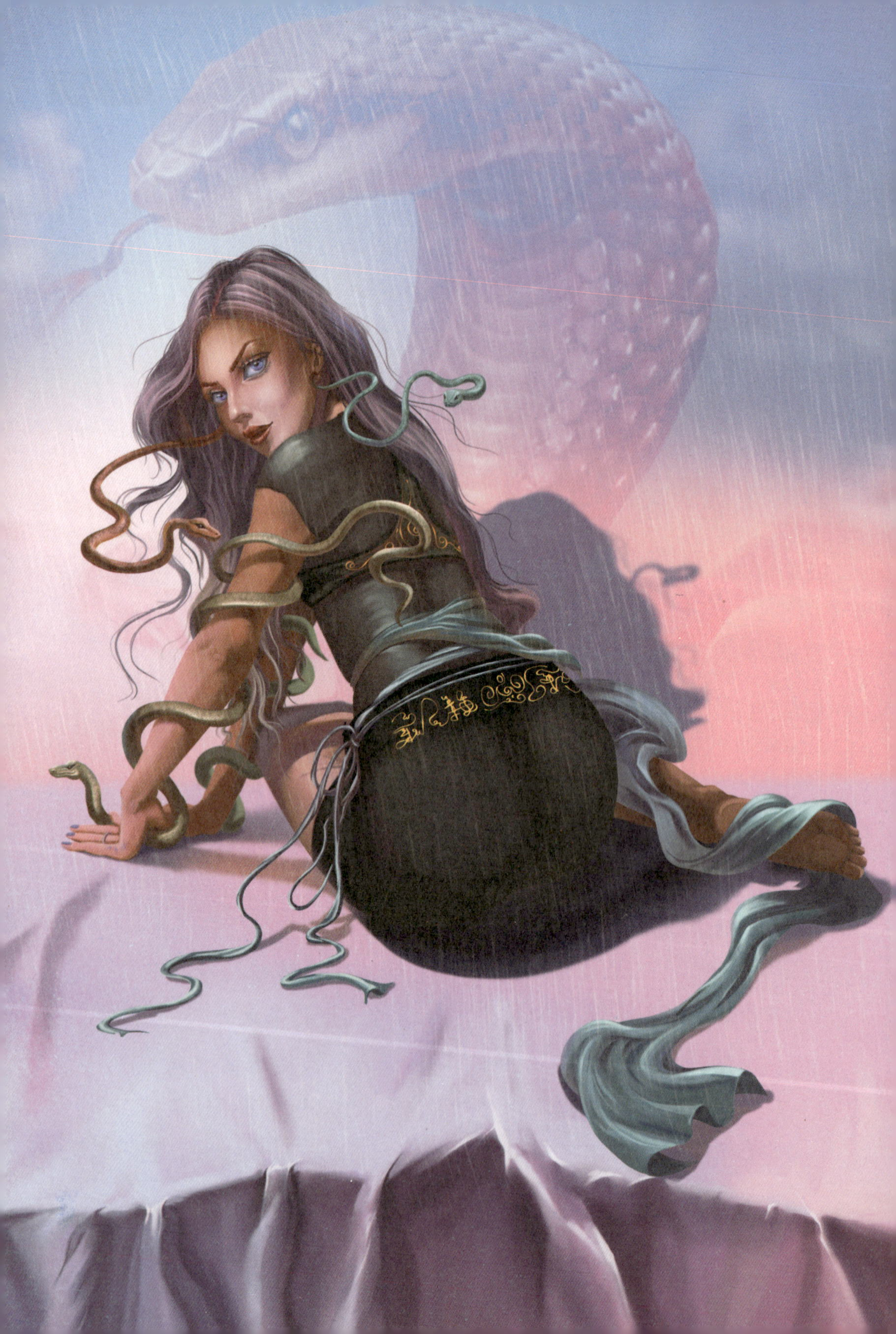

擅长巫术的雨师妾人

黑齿国的北面有个汤谷。

汤谷的池水中央有一棵扶桑树，树的下半部分都淹没在滚烫的沸水中。因为汤池是十个太阳每天沐浴的地方，所以整天都热气腾腾。

处于汤谷北部的雨师妾国则恰恰相反。这个国家常年阴郁潮湿，冷气逼人。住在这里的雨师妾人不喜欢和外人打交道，他们浑身漆黑，两手各拿着一条蛇，两只耳朵上也各挂着一条蛇。右耳挂的是红蛇，左耳挂的是青蛇。

他们擅长制作巫药，常常在深山老林里寻找有毒的植物，将它们的汁液和污垢搅拌在一起，放进石锅里烧制成药泥。最后，将这些药泥搓成一颗颗小丸药，然后风干。

每种药丸都有不同的功效，大部分是对人有害的：有吃下去就令人头疼欲裂的药丸，有能让人肚子疼的药丸，甚至还有能置人于死地的药丸。因此，外人往往都对雨师妾人敬而远之，没人敢招惹他们。其实雨师妾人通常也不会主动招惹别人。

如果你是个懂礼貌的人，他们往往只会对你搞一些恶作剧：比如在你的背上贴一张符纸，让你无法控制自己的身体，只能像青蛙一样蹦蹦跳跳，一直到跳出雨师妾人的地盘，才能恢复正常！

海外东经

毛民国

毛民之国在其北，为人身生毛。一曰在玄股北。

译文

毛民国在玄股国的北面。那里的人全身长满了毛。另一种说法认为毛民国在玄股国的北面。

毛民国的来历

传说中大禹生了均国，均国又生了役采，役采生了修鞈。

后来修鞈杀了一个名叫绰人的人。大禹同情绰人被修鞈杀死，又顾念亲情舍不得惩罚曾孙修鞈，于是就暗暗帮助绰人的子孙在大荒里建立了一个国家，就是毛民国。

毛民国位于玄股国的北面。其国人身材矮小，浑身长满了长长的黑毛，远远看去就像野猪和狗熊一样。

毛民国的人都以依为姓，种植黄米作为主食。他们天生彪悍，擅长狩猎和驯服野兽，还能够驯化驱使虎、豹、熊、罴这四种猛兽。

传说在东晋年间，吴郡有个司盐都尉名叫戴逢。他在海边航行时，遇到了一艘被风浪刮来的小船，船上有四个人，两男两女。这些人浑身长满硬毛，身材矮小。由于语言不通，戴逢便把他们送往官府。可惜在路上，因为惊吓和水土不服死了三个，只剩下一个男人。

当地官府安排这个男人住下，还赐给他一个女人，让他们成亲。这个男人就在这里定居下来，和妻子共同生活，还生了一个儿子。

别人一旦问起他的来历，他仍会介绍自己是来自毛民国。他常常在海边眺望远方，应该是在思念自己的家乡吧。可惜他再也没能回到自己的国家去。

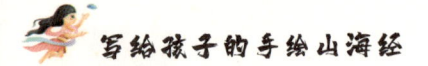

海内经

朝鲜

东海之内，北海之隅（yú），有国名曰朝鲜①。

译文

在东海以内，北海的一个角落，有个国家名叫朝鲜。

注释

①朝鲜：就是现在朝鲜半岛上的朝鲜和韩国。

朝鲜的檀君传说

传说在鸿蒙时期，天神桓因的儿子桓雄看见凡间的人生活困苦，就向父亲请求将当今的朝鲜半岛区域作为他的领地。天神桓因允准了儿子的请求，还派了三千名随从跟着他一道来到人间。

> 异人篇

桓雄来到人间，选择在太白山的一棵檀香树附近建立自己的王国。他任命了三位大臣，让他们分别掌管风、雨、云，并教臣民学习耕作、编织、医药、木工等三百六十种技艺。他还亲自编写了一部法典，教导臣民辨别善恶。

在檀香树附近的一个大山洞里，住着一头熊和一只老虎。它们十分崇拜桓雄的神力，每日都来到檀香树前向桓雄祈祷。桓雄被它们的祈祷感动，于是交给它们二十瓣大蒜和一小枝艾蒿，并对它们说："把这些东西吃下去，在二十一天内不要见阳光。只要你们能做到，就可以变成人类。"

熊和老虎连忙将蒜和艾蒿吃下去，回到洞中静静等待。可老虎性子急，在第二十天就出了山洞，自然失败了。而熊则耐心等待，没想到过了第二十一天，果然变成了一个漂亮的姑娘，被后人称为熊女。

变成人后的熊女高兴极了，可是却没有人敢娶她为妻。熊女又到檀香树前祈祷，桓雄同情她，于是变成人与熊女春宵一度。没多久熊女便生下了一个儿子，取名叫檀君。

后来，檀君就成了半岛上的君主。他将平壤定为都城，称自己的王国为朝鲜。传说檀君统治了朝鲜一千五百年才退位。

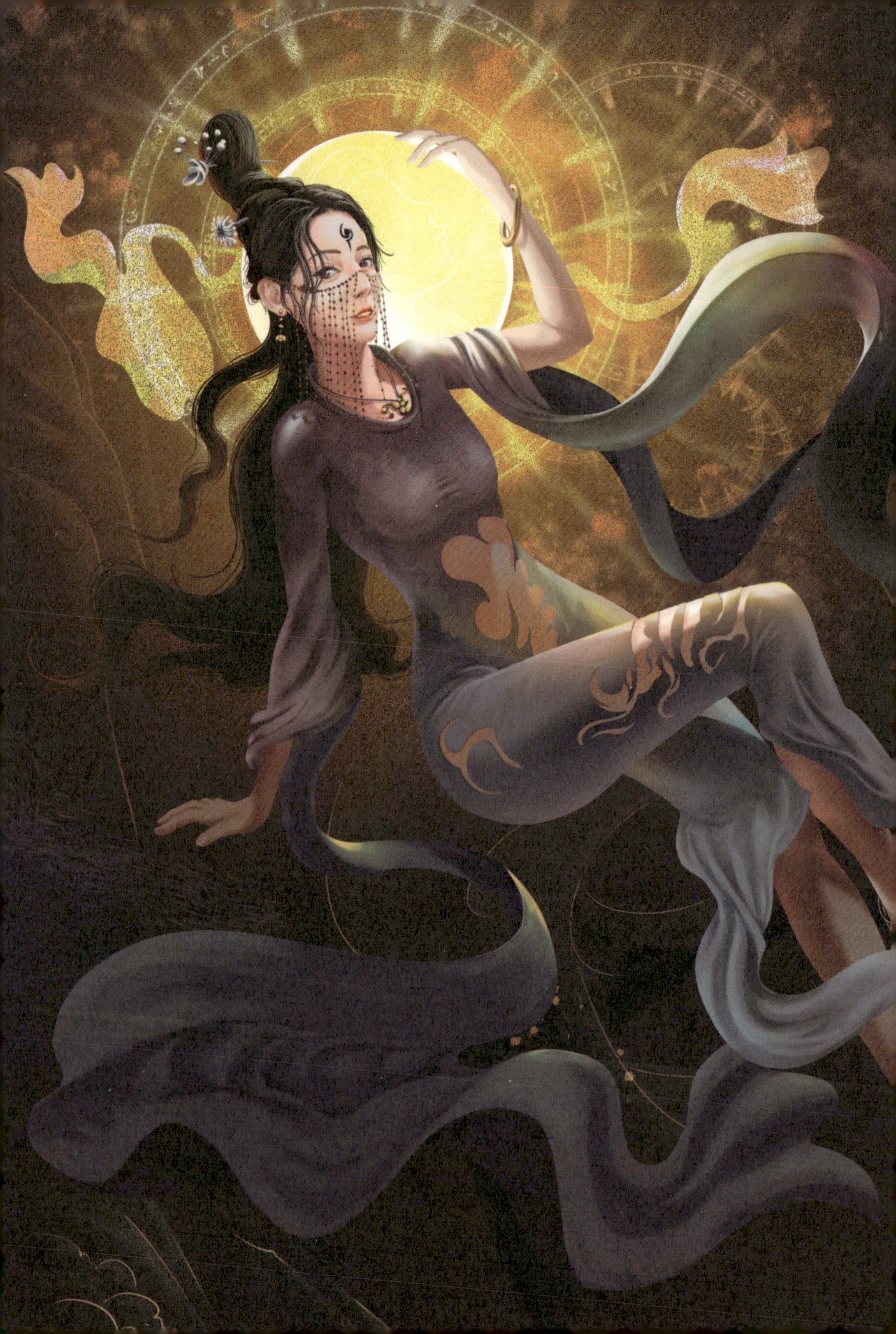

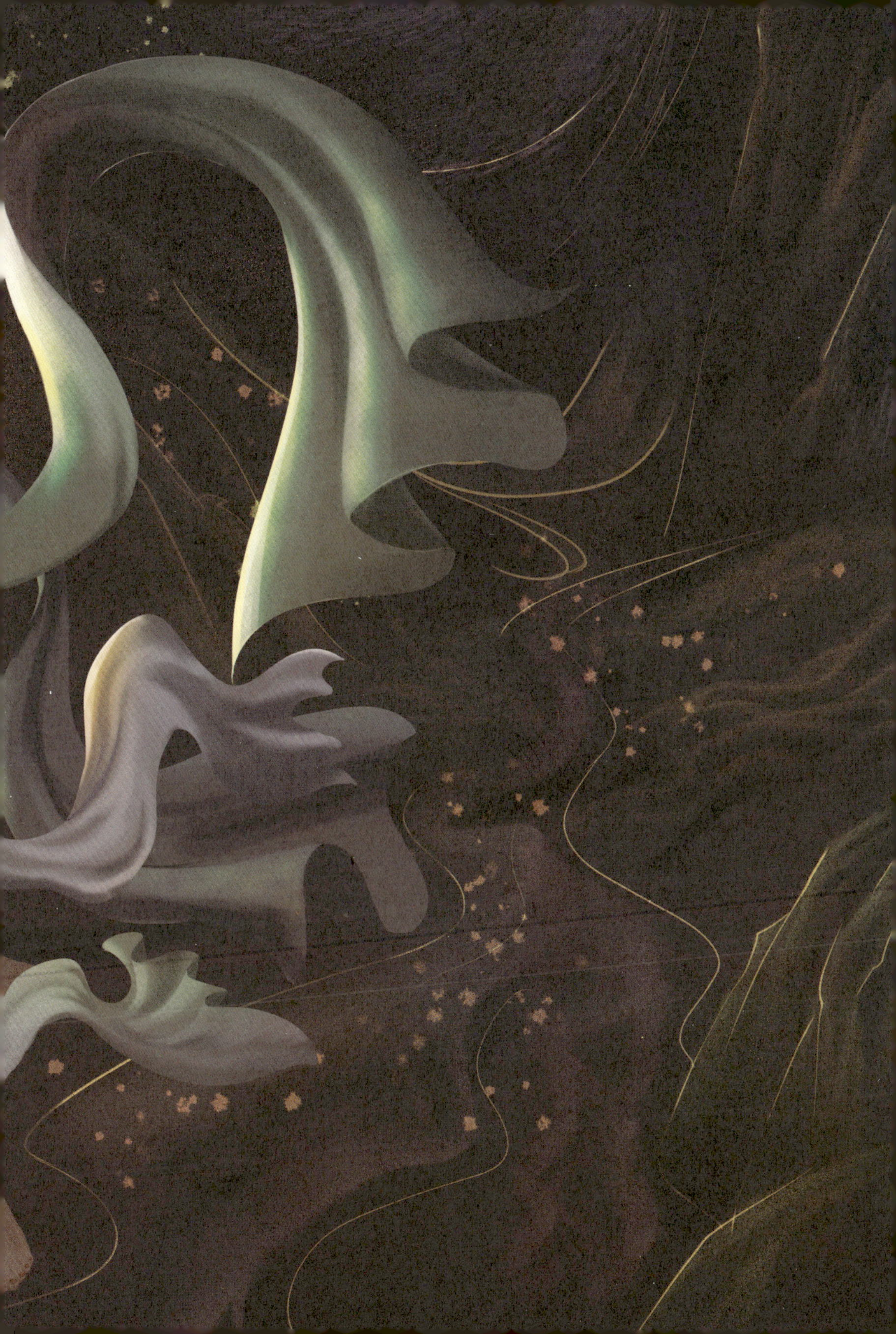

海内经

天毒国

天毒①，其人水居，偎（wēi）人爱人。

译文

有一个国家叫天毒，那里的人傍水而居，对人怜悯慈爱。

注释

① 天毒：即天竺国，也就是现在的印度。

善良的天毒国人

天毒国也被称为天竺国，这个国家周围有一条大河。人们傍水而居，国中人十分善良。如果他们觉得自己做了什么不好的事，或者生出了不好的念头，就会到这条大河里去洗澡，以洗去心中的污浊。

传说有一个小偷来到天毒国，挨家挨户地偷窃，这家偷一件衣服，那家偷一块大饼。这个小偷被抓住后，天毒国的人并没有责怪他，而是说："他偷饼一定是饿了，偷衣服一定是冷了。就让他填饱肚子，穿得暖一些吧！"

有一年夏天，天上挂着十个太阳，很久都没有下雨了。河水开始干涸，原本郁郁葱葱的树木也变得干枯了，与天毒国相邻的几个国家水源都枯竭了。

邻国的人没有水喝，想到天毒国有一条大河，就纷纷赶来取水。

虽然天毒国的大河也渐渐枯竭了，还不够天毒国的人民自己喝的，可天毒国的人生性善良，不忍心看见邻国的人渴死，不仅没有赶走他们，还帮助他们取水。

有些人来了之后不想离开，就睡在树下和山洞里。天毒国人便邀请他们去自己家里住。

天毒国人对待客人十分尽心：自家的粮食不够吃了，宁愿自己挨饿也要先奉给客人；家里的床不够，还会让出床让客人睡，自己睡在地上。

这场干旱持续了整整一个月，天毒国人一直毫无怨言地收留和帮助这些无家可归的人。

也许是上天被天毒国人的善良感动了，一场大雨从天而降，滋润了大地，世间万物也重新焕发了生机。

邻国人真诚地向天毒国人表达了感激之情，随后纷纷离开，回去重新建设自己的家园了。

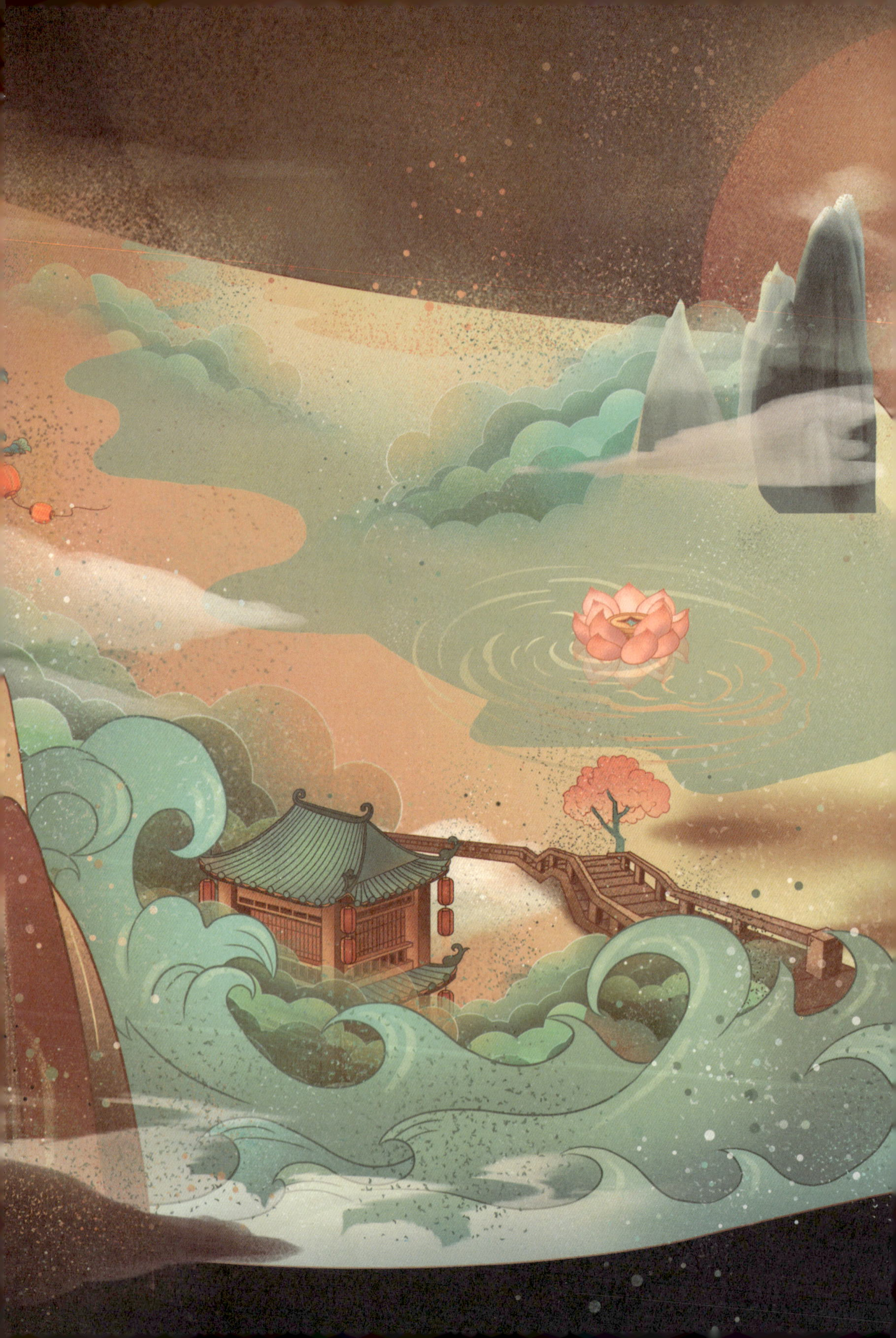

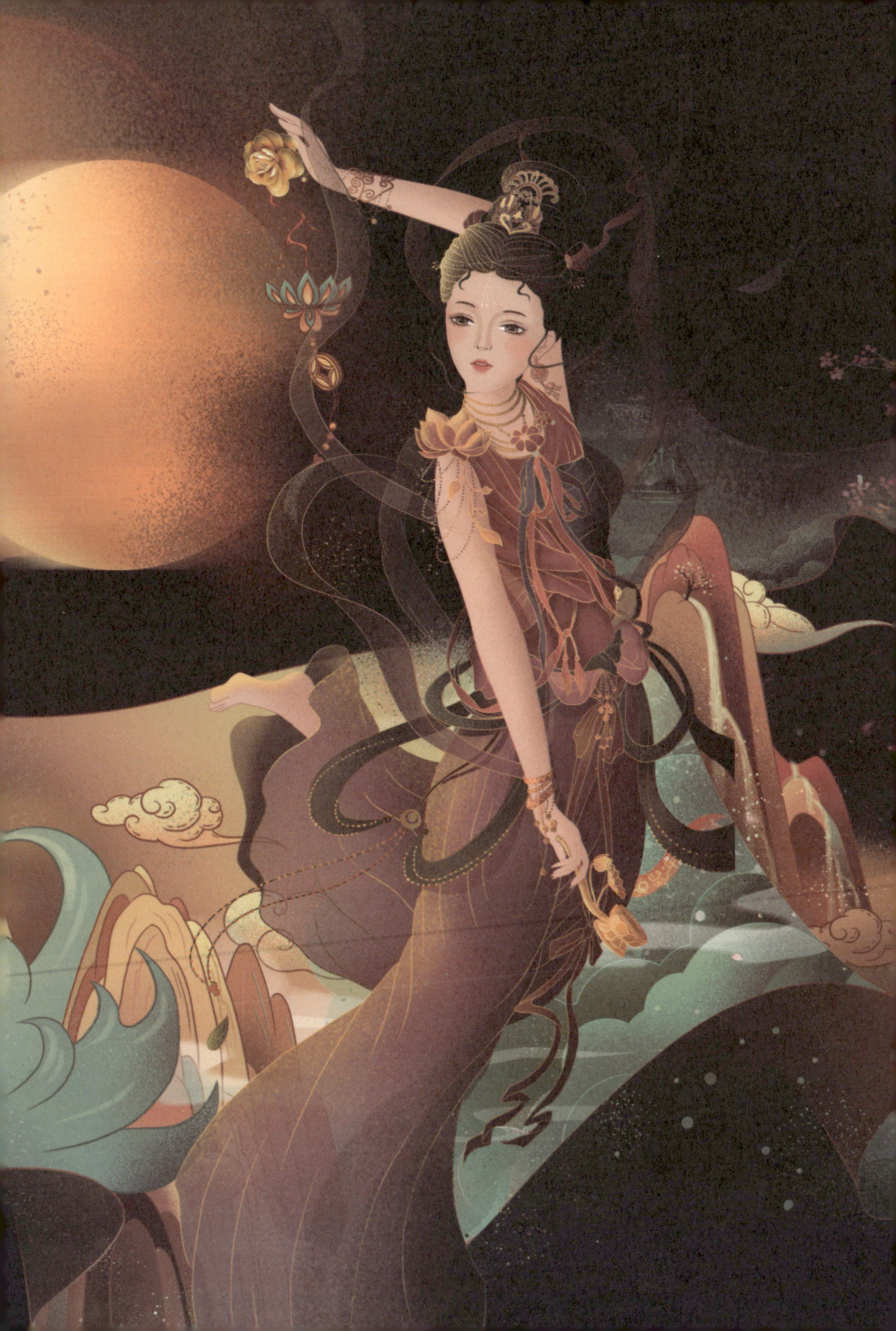

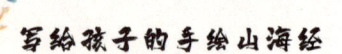

海内经

壑市国

西海之内，流沙①之中，有国名曰壑（hè）市②。

译文：在西海以内，流沙的中央，有个国家名叫壑市国。

注释

① 流沙：可以流动的沙。古指中国西北的沙漠地区。

② 壑市：据说位于新疆南部塔里木盆地的塔克拉玛干沙漠。

沙漠明珠壑市

在茫茫沙漠中，有一个壑市国。这里气候干旱，总是黄沙漫天，白天像酷暑一样炎热。可到了晚上，温度就直线下降，像寒冬一样寒冷。在壑市国，水比黄金还要宝贵。这里到处都是沙漠，也没办法种植粮食瓜果。衣服布料都是珍贵的资源。这样恶劣的气候，造就了壑市国人坚强不屈的性格。

壑市国人喜欢穿白色和青色的衣服，用面纱将脸遮住，以减少阳光对皮肤的伤害。他们在日复一日地寻找水源的过程中，积累了丰富的经验。

沙漠里很少有植物生长，一旦发现绿色的苔藓和芨芨草，人们就会在四周掘地三尺，寻找地下水。或者循着鸟儿和动物的踪迹，寻找水源。有时候，遇到潮湿的沙子，也可以挖到水。

后来，人们开始有意识地种植植物。他们将沙漠里的耐旱植物挖回来，种在他们居住地的附近。渐渐地，这些植物存活下来，人们居住地的周围就形成了一小片绿洲，很多小型沙漠动物也会跑到这里来。

绿洲可以巩固水土，避免沙尘暴的肆虐，也为人们的生活带来了便利。这一片片绿色，也代表了壑市国人对生活的热爱和顽强不屈的意志。

海内经

氾叶国

西海之内，流沙之西，有国名曰氾①叶。

译文

在西海以内，流沙的西边，有一个国家名叫氾叶国。

注释

① 氾：有版本也作"泛"。

河床里的金子

从前有一座名为鸟的山，这座山是三条河流的发源地，山中有取之不尽的宝藏，美丽富饶。在鸟山附近，有一个氾叶国。

氾叶国人以谷米为食。他们十分勤劳，可是他们只知道埋头劳作，因此一直都过得不富裕。直到有一天，一位外乡的商人来到这里。

商人带来了盐和布匹，以及许多汜叶国人从没见过的货物，要跟汜叶国人做交易。

汜叶国人只有自己种植的谷米，可商人不要。商人拿出一块金子问："你们有金子吗？用这个就可以换到货物。"

汜叶国人你看看我，我看看你，谁都没有见过这种叫"金子"的东西。

这时，有个小孩儿拿出一块金色的小石头，问："是这个吗？"

商人看了大喜过望，因为小孩儿手里拿的正是一块纯正的沙金！商人用带来的所有商品和小孩儿交换了沙金，并说："这种沙金，有多少我收多少。我会再来的。"

商人离开后，大家连忙问小孩儿："这沙金是在哪里捡到的？"

小孩儿说："我是在河床上捡到的。"

大家连忙来到河床上寻找。这里的河水缓缓流淌，河中的沙子闪着金光。人们站在水里，用手不断地翻找沙子，不一会儿，有人就从沙子里发现了金灿灿的沙粒。从此，汜叶国的人便过上了富裕的生活。

海内经

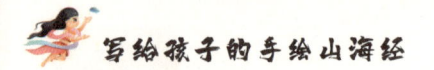

盐长之国

有盐长之国。有人焉（yān）鸟首，名曰鸟氏。

译文

有个盐长国。这里的人长着鸟一样的脑袋，被称为鸟民。

建木的果实

在中国的神话传说里，关于鸟儿的可不少。

传说西方天帝少昊给鸟儿们建立了一个国度，给每一种鸟儿都封了官。

凤凰是百鸟之王，在它之下是燕子、伯劳、鹦雀、锦鸡，分别掌管四季。布谷负责建筑，鹁鸪负责教育，鹫鸟负责军事，老鹰负责法律，斑鸠负责杂务。而五种野鸡分别负责五种工艺，九种扈鸟负责农业。

鸟的王国当然只是一个传说。可在南海以内，真的存在着一个鸟民国。

传说在黑水和青水流过的地方，长着神树建木。建木下有一个盐长国。

颛顼帝的后裔大费生了两个儿子：一个是大廉，一个是若木。大廉也就是鸟氏，鸟民就是他的后代。

相传盐长国的人个个都长着一个鸟头，有尖尖的嘴和圆圆的眼睛。他们长着人类的身体，没有翅膀，平时以稻米和植物的果实为食，也吃小鱼。人们称他们为鸟民。

建木每到春天会开出黑色的小花，花谢后就会长出杧果形状的果实。等到了冬天，建木的果实就会掉在地上，遁入泥土里再也找不到了。

那住在这里的盐长国人为什么不吃建木的果实呢？其实建木的果实味道一点儿也不好。曾经有个盐长国人好奇地尝了一口，却发现建木的果实竟然有一股可怕的腐臭味，而且他的嘴巴也溃烂了很久。从此，再也没有人敢打建木果实的主意了。

海内经

巴国

西南有巴国①。大皞(hào)②生咸鸟，咸鸟生乘厘，乘厘生后照，后照是始为巴人。

译文

西南方有个巴国。大皞生了咸鸟，咸鸟生了乘厘，乘厘生了后照，而后照就是巴国人的始祖。

注释

①巴国：据考古发掘，巴国地区前文化发端于200万年前的旧石器时代早期，先民们就世世代代在湖北、四川的土地上生息繁衍。

②大皞：传说中的上古帝王；一作太皞，又作太昊，是东夷部族与华夏部族的祖先和首领。

痴情的女神

巴国位于西南地区，是由五个部落融合而成的国家。巴国的首领是英雄务相，人民十分拥戴他，亲切地称呼他为"禀君"。

巴人篇

廪君为了让人民的生活更加美好，获得更多的食物，就带领他们去寻找气候更宜人的地方定居。来到盐阳的时候，遇见了住在盐水中的女神。

英俊勇猛的廪君与美丽高贵的女神一见钟情，两人度过了一段美好的时光。可有一天，廪君看见沿江捕鱼的渔民时，忽然想起了自己未完成的事业。

廪君忍痛向女神辞行："族民们还在等着我。"

女神恳求道："难道你的族民们比我更重要吗？"

尽管廪君也深爱着女神，但还是决意要离开。女神挽留不住，只好化作小虫子在空中飞舞，想要陪伴在廪君左右。

第二天，廪君回到了族民们中间，他率领队伍出发时，只见天空忽然被乌云遮住了，黑压压的辨不清方向。

原来，附近的精灵们同情女神的遭遇，纷纷变成小虫子飞舞在她左右。就这样，小虫子越来越多，把太阳都遮住了。廪君看不清方向，也就无法启程离开。

一连七天都是如此，廪君只好解下身上的腰带交给女神，承诺道："请你珍藏这条腰带，我一定会回来与你团聚的。"

女神感动地接过腰带系在腰间，天空中的小虫子也逐渐散去。天空重新明亮起来，廪君带领五族的族人再次启程，最后他们找到了一个水土丰饶的地方定居下来，在这里建立了国家——巴国。

143

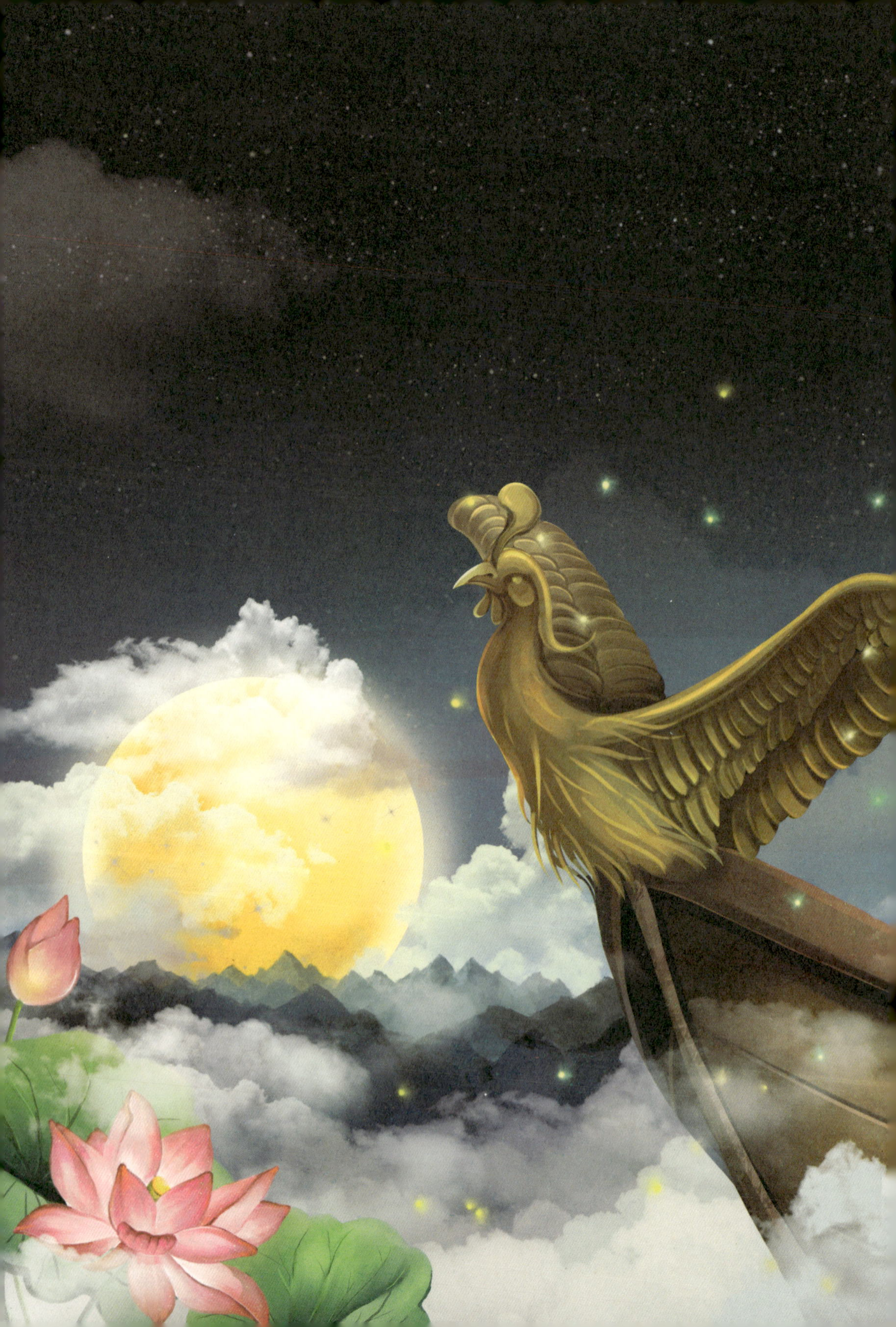

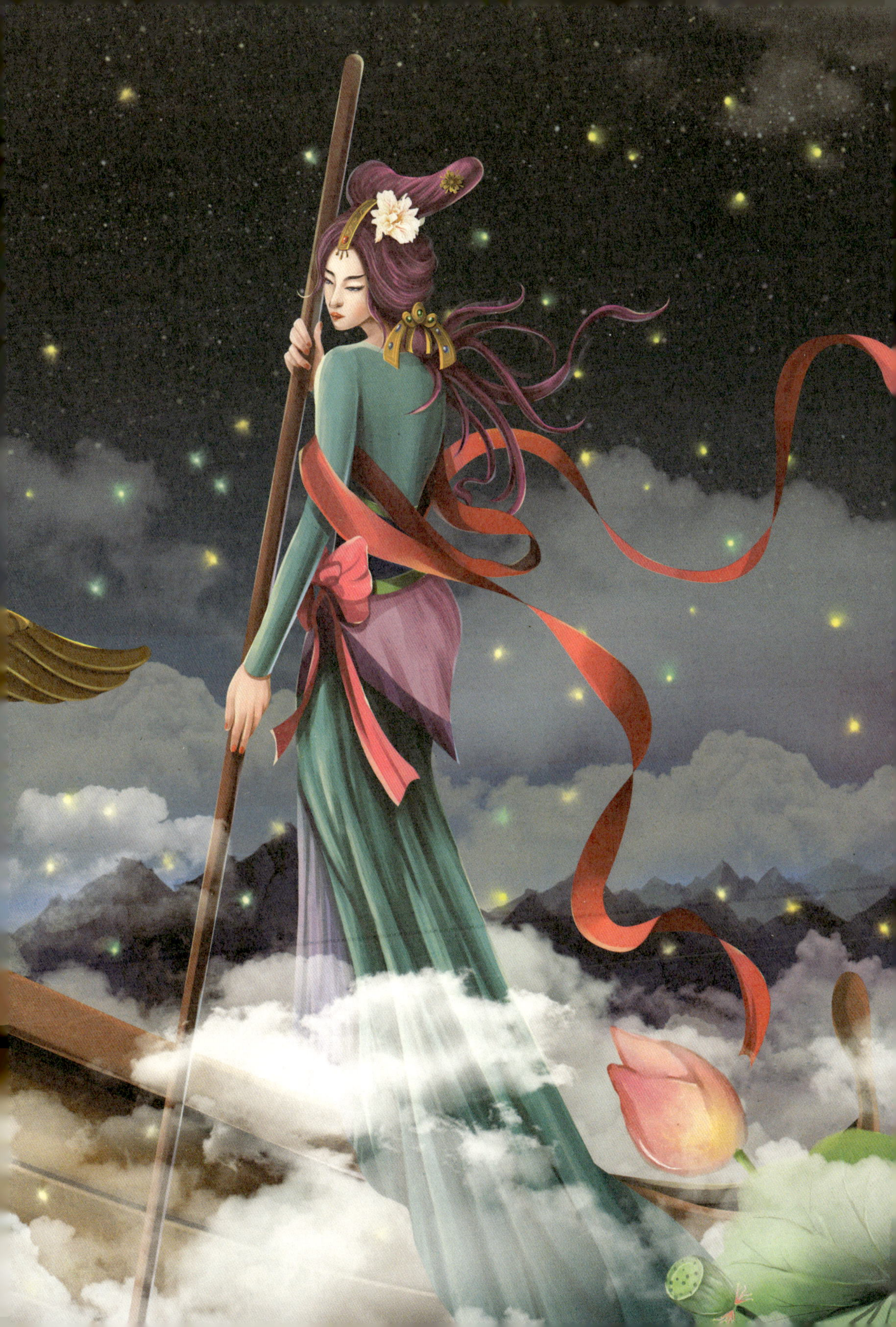

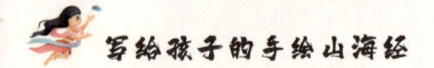

海内经

钉灵国

有钉灵之国，其民从厀以下有毛，马蹄善①走。

译文

有个钉灵国，这里的人从膝盖以下的腿部长有毛，长着马的蹄子，善于奔跑。

注释

①善：擅长，长于。

人面马身的神灵们

在北方的山里居住着这样一群人——他们长着人的上身，膝盖以下全是毛，并且有一双马蹄子。这个国家叫钉灵国，也被称为人马国。

这些半人半马的人善于奔跑，跑起来比真正的马儿还快。他们居住在山里，饿了就吃树上的果实，活得自由自在。可别小看人马国人，他们可是神的后裔。

在中国神话中，半人半马的神灵可不少。他们往往以山神的方式出现，在图腾上是人面马身的形象。

传说在古时候，住在山里的人们总是遭受山洪和野兽的侵扰，过得苦不堪言。

有一天，一个孩子梦见了一位人面马身的神，他对孩子说："只要你们诚心祈祷，我会庇护你们的。"

神灵还告诉了孩子祈祷的方法。孩子醒来后，立刻将这件事告诉了大家。

人们按照神灵在梦里的指示，找来了一只雄鸡。

这只雄鸡的颜色必须是杂色的，有着大红色的鸡冠。人们在献上雄鸡后，又面朝东方跪下，向山神诚心祈祷。

不一会儿，只听半空中传来嗒嗒的马蹄声。人们抬头看去，一群人面马身的神灵出现在眼前，正是孩子梦中所见到的样子。

只见人面马身的神灵围绕着山奔跑起来，山体中立刻裂开一条缝，泛滥的山洪随即退去。

神灵们跑了一圈又一圈，被洪水冲走的树木鲜花复活了，整座山也恢复了生机。做完这一切后，神灵们就消失在了云端。

从此，山民们就将人面马身的神灵当作了保护神。

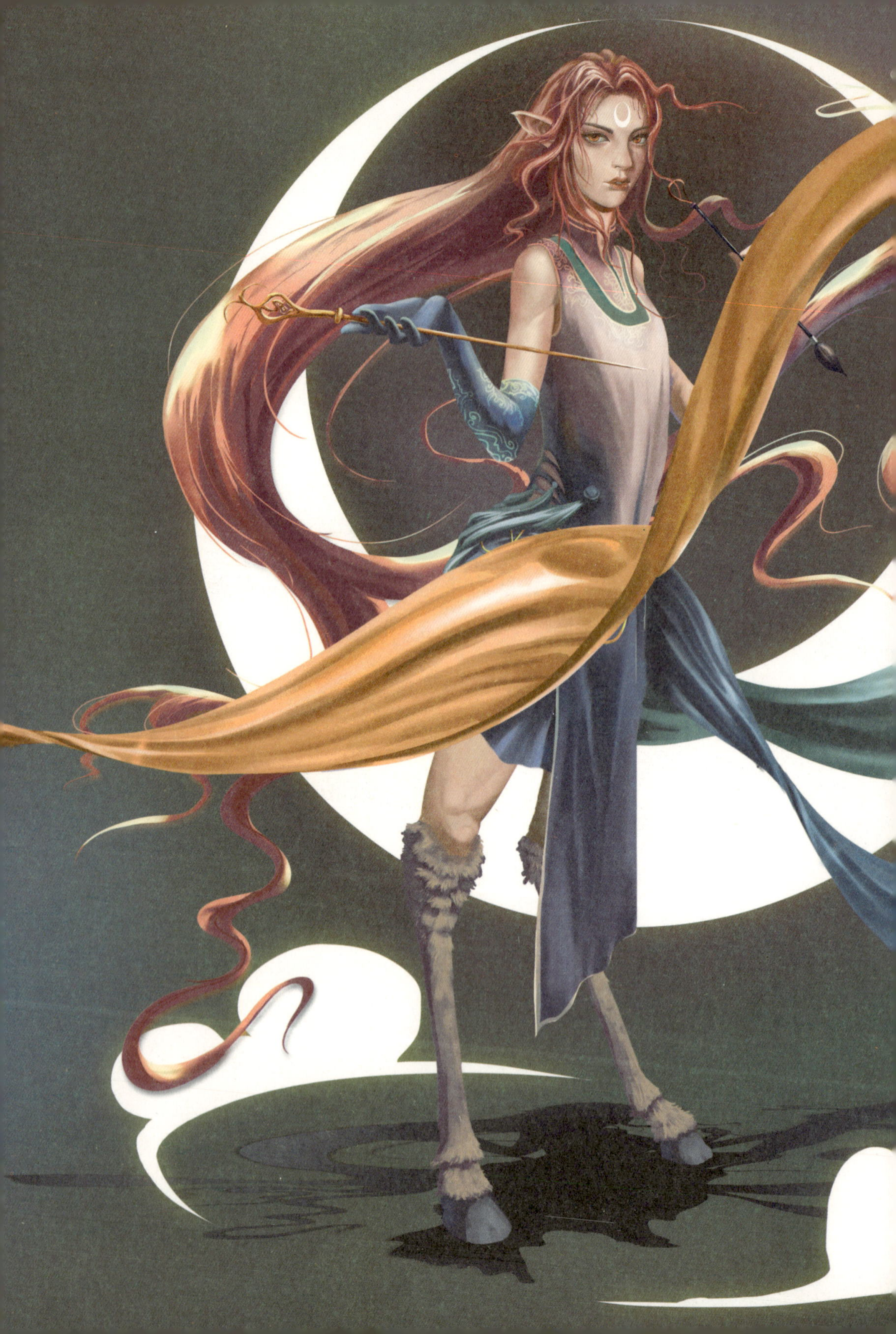

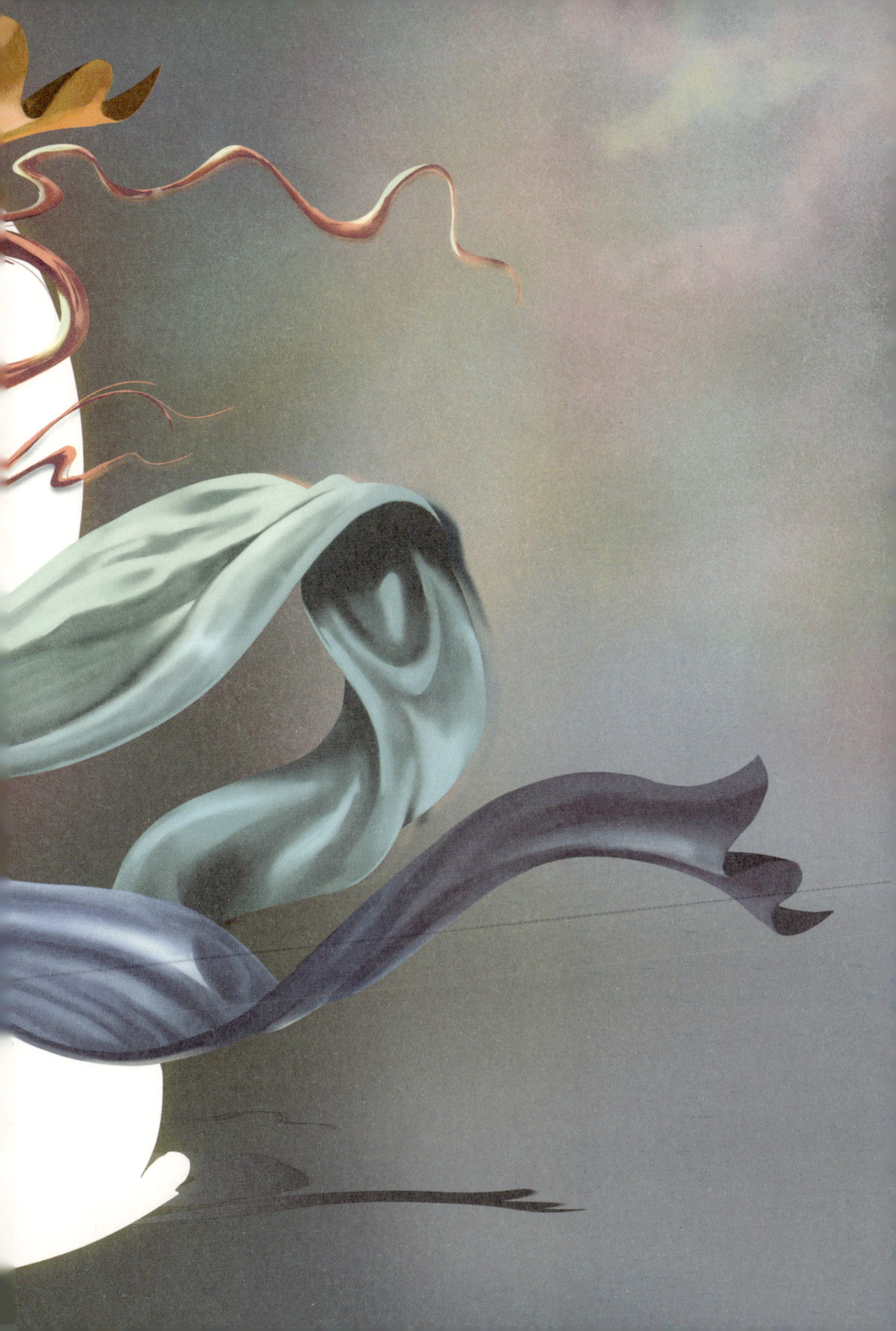

海内经

幽冥国

北海之内，有山，名曰幽都之山，黑水①出焉。其上有玄鸟、玄蛇、玄豹、玄虎、玄狐蓬尾。有大玄之山。有玄丘之民。有大幽②之国。有赤胫(jīng)③之民。

译文

在北海之内有一座山叫幽都山，这座山就是黑水的源头。山上有黑色的鸟、黑色的蛇、黑色的豹、黑色的虎、黑色的大尾巴狐狸。有座大玄山。那里有一个大幽国。玄丘民，有的子民小腿都为红色。

注释

①黑水：古称褢水，又有山河、乌龙江、黑龙江之称，元代一度称紫金河，明代称褢谷水。《水经注》：（黑）水出北山，南流入汉。

②大幽：幽冥。指地下，阴间。这里特指传说中的古国名。

③赤胫：红色的小腿。

幽冥国的光明之火

地处北海的一座幽山里，有个幽冥国。这里的人通体漆黑，山上的飞禽走兽也是黑色，流淌着的河水也是黑色。

幽冥山常年笼罩在黑暗里，人们只能在黑暗中生活，摸索着耕种、捕猎，可因为看不见，生活十分艰难。

钟山的山神烛龙长着人的脸和龙的身体，身体有一千里长。当烛龙睁开眼时，天就亮了；闭上眼时，天就黑了。虽然烛龙长相诡异，可他是一位心地善良的神。

烛龙飞上天庭，求来一支点燃的蜡烛。他将蜡烛衔在口中，照亮了幽冥国。人们乍见光明，又惊又喜，连忙抓紧时间劳作，不敢浪费一寸光阴。

烛龙不眠不休，衔着蜡烛为人们照明。等到了第十年，烛龙就担心起来。原来这蜡烛名为火精，能够燃烧十年之久。现在十年的时间就快到了，蜡烛眼看着就要熄灭了。

烛龙将这件事告诉了大家。幽冥国的人早已习惯了有光的生活，再也不想回到黑暗中去了。大家纷纷出主意，最后一致决定去寻找能够燃烧的东西，代替火精照明。

人们采集了动物的油脂，还有蜂蜡和干草，将它们揉在一起做成了蜡油，放进烛龙口中的蜡烛上。

只见火星一跳，烛龙口中的蜡烛再次明亮起来，从此幽冥国便长长久久地有了光明。

图书在版编目（CIP）数据

写给孩子的手绘山海经.异人篇/张芳主编.--长春：东北师范大学出版社，2022.10
ISBN 978-7-5681-9472-3

Ⅰ.①写…Ⅱ.①张…Ⅲ.①历史地理－中国－古代②《山海经》－儿童读物Ⅳ.①K928.631-49

中国版本图书馆CIP数据核字（2022）第182090号

写给孩子的手绘山海经
XIEGEI HAIZI DE SHOUHUI SHANHAIJING

□主　　编：张芳　　　□策划编辑：张秋红
□责任编辑：张秋红　　□责任印制：高鹰
□责任校对：魏昆　　　□总　策　划：小红帆
□封面设计：小红帆　　□版式设计：小红帆

东北师范大学出版社出版发行
长春市净月经济开发区金宝街118号
邮政编码：130117
编辑电话：0431-84568021
邮购热线：0431-84568021
网址：http://www.nenup.com
河北赛文印刷有限公司制版
河北赛文印刷有限公司印装
涿州市刁窝镇泗平庄村平安路8号（072750）
2022年10月第1版
2022年12月第1次印刷
幅面尺寸：170mm×230mm
印张：40
字数：338千字

定价：198.00元（全4册）
如果发现印装质量问题，影响阅读，可直接与承印厂联系调换